NELSON
MONFORT
avec la précieuse collaboration de Florian Maroto

SPORT
MES HÉROS ET LÉGENDES

ÉDITIONS
PLACE DES
VICTOIRES

Enfin un quatuor français en or ! Les Bleus n'avait plus remporté l'épreuve de saut d'obstacles par équipes depuis les JO de Montréal en 1976. Une longue période de disette que Roger-Yves Bost (sur Sydney Une Prince), Pénélope Leprevost (Flora de Mariposa), Kevin Staut (Rêveur de Hurtebise) et Philippe Rozier (Rahotep de Toscane) – qui devient champion olympique quarante ans après son père Marcel – ont close à Rio, le 16 août 2016.
Malgré plusieurs coups du sort (forfait du leader Simon Delestre après la blessure de son cheval, chute de Pénélope Leprevost l'avant-veille), les cavaliers tricolores, cinquièmes à l'issue de la première manche, ont par la suite déjoué les pronostics en réalisant trois sans-faute.
Ils permettent à l'équitation française de reprendre des couleurs, à l'instar de leurs coéquipiers du concours complet par équipes (Karim Laghouag, Thibaut Vallette, Mathieu Lemoine et Nicolas Astier), qui étaient également parvenus sur la plus haute marche du podium une semaine auparavant, offrant ainsi à la France sa première médaille d'or au Brésil.

FRANCE

Antoine Griezmann, face à Bastian Schweinsteiger et Manuel Neuer, sur l'action menant à son second but du match, lors de la demi-finale de l'Euro contre l'Allemagne (2-0), à Marseille, le 7 juillet 2016. Ce doublé permet à l'attaquant français de terminer en tête du classement des buteurs avec 6 réalisations, d'être élu meilleur joueur de la compétition et de propulser la France en finale. Une finale remportée par le Portugal (1-0) mais dont le numéro 7 tricolore sortira en perdant magnifique et en nouvelle idole des jeunes. Bravo Grizou !

Un nouveau record du monde pour Carl Lewis (dossard 1136) dans la finale la plus rapide de l'histoire, Tokyo, le 25 août 1991.

mita
m&m
adidas
TDK
Coca-Cola
PHILIPS
FUJI FILM
USA
1136
TDK
417
65
SEI

Départ de la finale du 4 x 200 m nage libre, Barcelone, le 2 août 2013. Yannick Agnel (centre),
est le premier relayeur d'une équipe de France qui terminera 4e derrière les États-Unis, la Russie et la Chine.

Avant-propos

Autant le dire tout de suite: ce livre n'est ni exhaustif – comment pourrait-il l'être ? – ni objectif. Il s'agit d'un ouvrage passion, d'un ouvrage coup de cœur autour de souvenirs s'égrenant au fil des pages...

Certaines des images que vous y trouverez remontent à près de cent ans ; d'autres à des étés olympiques et mondiaux enchantés plus récents, notamment pour le sport français.

Même s'il est vrai, je vous l'avoue, qu'en « légendant » ces magnifiques photos, je me suis rendu compte que la part de rêve (non vécue) l'emportait sur les événements que j'ai eu la chance de connaître et même de commenter...

Nous avons tous dans notre cœur, dans notre mémoire, certains flashs directement associés à nos vies. Nous savons aussi que les souvenirs anciens – parfois très anciens ! – reviennent plus vite que ceux de la semaine dernière, ou même d'hier.

En effet, cet album fait la part belle à celles et ceux... d'avant. D'avant le « tout-image », d'avant la télévision pour tout dire. D'une époque où, jeunes adolescents, nous jouions avec des figurines représentant les coureurs du Tour de France. Période à jamais révolue, mais synonyme d'un bonheur intime, rien que d'y penser.

Et puis, parce que c'est ainsi et que c'était sans doute leur destin, il y a tous ceux qui ne sont plus. Partis bien avant l'heure pour certains, ou de manière naturelle pour d'autres. Ce livre voudrait leur rendre hommage. De là-haut, ils doivent certainement réussir leurs plus beaux virages ou franchir les bouées les plus éloignées.

Pardon à tous ceux qui pourraient se sentir « oubliés ». Cet ouvrage n'est pas une encyclopédie. Il pourrait facilement avoir un « petit frère » illustrant tout autant d'exploits. Il fallait simplement faire des choix autour des fameux « quatre H » : Humour, Honneur, Humilité, Humanité. C'est le point commun des héros (tiens, un cinquième H !) que vous retrouverez dans ce livre. Ils vous ouvrent leur cœur. Bienvenue...

Nelson Monfort

À l'origine du sport moderne

Selon le vœu du baron Pierre de Coubertin, Paris accueille les IIe jeux Olympiques modernes. S'étalant sur plusieurs mois, leur déroulement parfois folklorique s'inscrit dans le cadre de l'Exposition universelle.

Couru le 19 juillet 1900 en pleine circulation, le « marathon des fortifs » – le parcours longe les fortifications, à l'emplacement actuel des boulevards des Maréchaux – permet à Michel Théato d'offrir à la France l'une de ses 26 médailles d'or (!) remportées à domicile.

Portrait de Pierre Fredy de Coubertin (1862-1937).

Sans Pierre de Coubertin, ce livre n'existerait pas. S'il y a bien un homme auquel le sport mondial doit tout, c'est lui. Il est le concepteur du sport moderne, même s'il a parfois eu des propos malheureux, notamment sur le sport féminin. En novembre 1892, il prend la parole à la Sorbonne pour relancer les Jeux quatre ans plus tard à Athènes, il en fallait du courage pour le faire ! C'est donc une juste rétribution si les Jeux de 1900 sont organisés par la France à Paris. La phrase de Pierre de Coubertin, tant vilipendée et moquée : « L'important est de participer », j'ai tendance à y souscrire. Peut-être suis-je un peu naïf, mais je pense que les plus belles émotions sportives ne sont pas seulement des victoires ; et ce livre en sera la preuve. J'ai toujours considéré, à l'image de Coubertin, qu'il n'y avait de beaux vainqueurs que parce qu'il y avait de beaux deuxièmes. Je n'aime pas cette culture américaine du *« winner takes all »*. J'admire beaucoup Pierre de Coubertin dont le corps repose à Lausanne, en Suisse et dont le cœur est à Olympie, en Grèce.

Une grande championne française

À l'issue d'une finale très disputée (8-10, 6-4, 7-9), la jeune Suzanne Lenglen, âgée de 20 ans, signe, face à la Britannique Dorothea Lambert-Chambers, le 1er de ses 6 succès à Wimbledon. Le début d'un long règne sur le gazon londonien et sur le tennis mondial.

Chaque sport possède ses pionniers et il est clair que Lenglen a été celle du tennis féminin. C'est elle qui détient à ce jour le plus grand nombre de victoires toutes catégories confondues. À l'époque on jouait le simple dames, le double dames et le double mixte. Elle participait aux trois matches avec une telle abnégation ! C'était une sportive amateur à 100 %. Elle s'est éteinte prématurément à l'âge de 39 ans. Il est juste aujourd'hui que le deuxième court de Roland-Garros porte son nom. Je salue le fait que la Fédération française de tennis honore les grands anciens : Lenglen comme les Mousquetaires. J'accorde beaucoup d'importance au devoir de mémoire et au respect des aînés. Suzanne Lenglen est au tennis ce qu'est Sonja Henie au patinage.

Suzanne Lenglen (1899-1938). Outre ses nombreux titres en double et double mixte, « la diva du tennis » est souveraine en simple, comme en attestent ses victoires anglaises, ses 6 Internationaux de France ou encore sa médaille d'or olympique à Anvers en 1920.

Infatigable Coureur

Entre 1920 et 1928, du 1 500 m au 10 000 m, le Finlandais Paavo Nurmi a été champion olympique à 9 reprises et 3 fois médaillé d'argent. Comme il détint aussi 20 records du monde, il est considéré comme un des plus grands coureurs à pied de tous les temps.

Dans les années 1920, les meetings d'athlétisme n'existaient pas, il n'y avait que les jeux Olympiques. On se préparait pendant quatre ans, c'était le seul rendez-vous vraiment important, c'est pour cette raison que des coureurs comme Paavo Nurmi et ensuite Emil Zátopek faisaient énormément de courses : 5 000 m, 10 000 m, etc. Il y avait aussi moins de concurrence, et quand un coureur explosait aux JO, on parlait de lui. Ce qui est le cas de Nurmi, un véritable phénomène ce coureur ! Il a eu à son actif une vingtaine de records du monde et a gagné une douzaine de médailles lors de JO.

Paavo Nurmi (1897-1973), en train de se chronométrer lors d'une course à Dallas, vers 1925.

Une course mythique

Première édition des 24 Heures du Mans : 18 constructeurs engagés, une météo déchaînée, une piste boueuse, un public nombreux, des vitesses de pointe à 150 km/h... La magie opère déjà.

Étonnante longévité pour cette course, qui a connu des hauts et des bas, des passages à vide avec désaffection des écuries et donc du public, et qui est toujours organisée. Il faut le souligner car il y a peu d'événements qui soient aussi anciens. Une course comme Le Mans, qui, en plus, a donné lieu à des films, « véhicule » – si je puis dire – ce que la France fait de mieux en matière de moments sportifs. En France, les trois rendez-vous annuels de dimension internationale sont le Tour de France, le tournoi de Roland-Garros et les 24 Heures du Mans. Les plus grandes écuries sont venues (Ford, Ferrari, McLaren, Matra, Audi, Porsche, etc.), et les plus grands pilotes aussi (Derek Bell, Juan Manuel Fangio, Jacky Ickx, Henri Pescarolo), puisqu'à l'époque les pilotes de monoplace couraient aussi en Sport-Prototypes, ce qui est moins le cas aujourd'hui.

26 mai 1923, 16 heures : sous une pluie battante, le départ de ce qui s'appelle alors « Grand Prix d'Endurance de 24 Heures » est donné aux 33 voitures devant les tribunes des Raineries. Au centre, la Chenard & Walcker n° 9, pilotée par l'équipage français André Lagache-René Léonard, sera la première voiture à franchir la ligne d'arrivée en couvrant 128 tours (soit plus de 2 209 km) à la moyenne de 92 km/h.

L'Hiver olympique

Bobsleigh, curling, hockey sur glace et une demi-douzaine d'autres disciplines intègrent la famille olympique. À l'instar de l'équipe américaine de patinage de vitesse, ici à l'entraînement (à gauche), ou du bob à 4 hommes italien qui franchit la ligne d'arrivée (ci-dessus), près de 300 sportifs, issus des 16 délégations représentées, participent aux différentes épreuves.

Même si des épreuves de patinage artistique ont été organisées lors des JO de Londres (1908) et d'Anvers (1920), les tout premiers jeux Olympiques d'hiver ont lieu à Chamonix en 1924.

Ces Jeux ont été voulus par Pierre de Coubertin. À l'époque, ils s'appelaient « Semaine internationale des sports d'hiver ». Moi qui suis un grand amoureux des sports de neige et de glace, je suis les JO d'hiver avec autant de passion que les JO d'été. Même encore aujourd'hui, à l'heure d'une forte médiatisation, il y a aux Jeux d'hiver une ambiance un peu différente, avec moins de gigantisme. Je crois que cela tient à la mentalité même des skieurs, des skieurs de fond, des sauteurs, des patineurs qui viennent très souvent de la montagne ; ils montrent un comportement plus humble, plus modeste, moins attiré par les sirènes de l'argent. D'ailleurs, Bjørn Dæhlie, grand skieur de fond norvégien, et son compatriote Johann Olav Koss, patineur de vitesse, sont retournés à leurs champs, à leurs travaux agricoles. Les coureurs de fond d'aujourd'hui, comme Jason Lamy-Chappuis ou Sylvain Guillaume, Fabrice Guy ont une mentalité radicalement différente de celle des hyper pros qui viennent jouer un tournoi de tennis olympique entre deux autres compétitions. Je ne suis pas un très grand fan des sports ultra-professionnels comme le tennis et le basket au programme olympique. De plus, les JO d'hiver intègrent de nouvelles disciplines, comme le half-pipe, le ski de bosses, etc. Même s'ils sont moins universels, je trouve qu'ils ont complètement leur place aujourd'hui et la preuve en est qu'ils sont intercalés, donc plus faciles à suivre. À vrai dire, je préfère peut-être même les JO d'hiver aux JO d'été !

Duel de Mousquetaires

Alors que, chez les dames, une fois n'est pas coutume, Lenglen est éliminée avant le match ultime, deux Français, Jean Borotra (vainqueur) et René Lacoste (vaincu), s'affrontent pour la première fois en finale de Wimbledon.

Jean Borotra et René Lacoste, les deux Mousquetaires les plus connus, étaient 100 % amateurs. C'est-à-dire que Jean Borotra, le matin même de sa finale à Wimbledon, était à la City à Londres pour conclure une affaire. Ça paraît incroyable, mais c'était le cas ! René Lacoste est quand même l'une des réussites industrielles françaises les plus exemplaires du XXe siècle. Son nom, sa marque sont mondialement connus. Jean Borotra a hélas eu un passé politique un petit peu plus délicat puisqu'il a été ministre des Sports sous le régime de Vichy. Malgré tout, le Basque bondissant (il jouait toujours avec son béret), sur un court, ça voulait dire quelque chose : il montait sans arrêt au filet et a gagné cette finale. Il a joué au tennis jusqu'à l'âge de 90 ans et a été champion de France sur surface rapide à 60 ans. Deux Français en finale d'un tournoi du Grand Chelem, c'est un moment unique.

Les deux finalistes de 1924. Si René Lacoste (à gauche) est battu par Jean Borotra (à droite) en 5 sets (1-6, 6-3, 1-6, 6-3, 4-6), le premier prend sa revanche lors de la finale de 1925 qui l'oppose encore au second.

Pionnier de l'aviation

En traversant l'Atlantique, Charles Lindbergh devient le premier pilote à relier New York à Paris (en 33 h et 30 min) sans escale et en solitaire.

Charles Lindbergh (1902-1974) et son avion *Spirit of St. Louis*, vers mai 1927.

À l'époque, il n'y avait pas la télévision, pratiquement pas la radio si ce n'est des fils télex balbutiants. Les gens avaient de bonnes raisons de croire que Lindbergh était perdu en mer puisqu'on n'avait aucune nouvelle. À se demander si le pilote américain n'avait pas connu le même sort tragique que Charles Nungesser et François Coli, disparus avec leur biplan *L'Oiseau blanc* lors de leur tentative de traversée Paris-New York une quinzaine de jours plus tôt. Lindbergh était très attaché à cette confrérie que pouvaient constituer les pionniers de l'aviation. D'ailleurs, les premiers mots qu'il a eus après s'être posé au Bourget furent pour les deux Français : *« Have we got news from Nungesser and Coli ? »* (« Avons-nous des nouvelles de Nugesser et Coli ? »). Au début de la traversée, de nuit sur l'Atlantique, l'avion de l'Américain était tellement lourd de carburant que ses ailes touchaient les vagues !!! Puis, une partie du carburant consommé, le *Spirit of St. Louis* a commencé à s'élever dans les airs. Rester 33 heures éveillé et parvenir à ce formidable exploit, c'est une incroyable aventure humaine ! Lindbergh est devenu alors l'homme le plus connu des États-Unis, plus connu même que le président, car il incarnait tout ce que l'Amérique pouvait représenter de mieux : un jeune aventurier qui réussit.

Tous pour un !

Après ses deux défaites de 1925 et 1926 face aux États-Unis, la France remporte pour la première fois la Coupe Davis, face au même adversaire. C'est aussi la première d'une série de 6 victoires consécutives des Français dans la prestigieuse compétition (de 1927 à 1932).

C'est le début d'une épopée extraordinaire qui a valu le nom de « Mousquetaires » à Jean Borotra, René Lacoste, Henri Cochet – qui était peut-être le plus doué mais dont, pour des raisons que j'ignore, la postérité n'a pas retenu le nom – et Jacques Brugnon qui était un joueur de double remarquable. Ils ont réussi à terrasser les Américains, les Australiens, ceux que l'on considérait comme les meilleurs, non seulement dans cette compétition mais également en simple. Cette Coupe Davis voulue par Dwight Davis, mécène américain, a résisté au temps et à l'argent. Quand les joueurs y participent, à l'instar de la Ryder Cup en golf, ils ne jouent pas uniquement pour leur portefeuille mais également – Dieu, merci – pour le drapeau. C'est un moment fort chaque année, et une tradition : la France est particulièrement attachée à la Coupe Davis ; c'est même dommage qu'on n'y obtienne pas de meilleurs résultats.

Vue panoramique du stade de Roland-Garros, lors du match opposant le double français Jean Borotra-Henri Cochet à la paire américaine Francis Hunter-William T. Tilden, en juillet 1928. Cette année-là, l'équipe de France bat encore les États-Unis (4-1) et gagne son 2e saladier d'argent de suite.

La Fée de la glace

À Saint-Moritz, la Norvégienne Sonja Henie obtient le 1er de ses 3 titres olympiques, avant ceux de Lake Placid (1932) et Garmisch-Partenkirchen (1936).

Trois titres olympiques en patinage, voilà un exploit jamais réitéré depuis. Seule Katarina Witt a réussi à s'en approcher en gagnant deux fois. Sonja Henie, véritable fée de la glace, une jeune fille blonde, Norvégienne, qui enflammait les spectateurs et qui savait admirablement en jouer. Elle n'avait certes qu'une petite dizaine d'adversaires, mais elle a mis le patinage sur la carte du sport et son pays sur la carte du monde. Elle est encore aujourd'hui la sportive scandinave la plus respectée et la plus connue, et pourtant l'on en compte un certain nombre. Elle a totalement épousé son époque. Il y a eu des films ensuite avec elle (à Hollywood) et sur elle. Elle a parfaitement su, et avec beaucoup d'intelligence, faire fructifier son image.

Sonja Henie (1912-1969) s'entraîne le 24 janvier 1928, à Oslo, à l'approche du grand rendez-vous. Entre 1927 et 1936, la triple championne olympique gagne aussi 10 médailles d'or aux Championnats du monde.

Le Coup de l'albatros

L'Américain Gene Sarazen remporte le Masters, devenant le premier golfeur de l'histoire à gagner les quatre Majeurs.

Gene Sarazen a réalisé LE coup, sur le trou numéro 15 à Augusta, et a exécuté le premier albatros de l'histoire du golf. Il a rentré un coup de 220 ou 250 mètres direct dans le trou pour faire 2 sur un par de 5. Une plaque commémore la victoire de Gene Sarazen, qui a marqué l'histoire du golf, à l'image des *gentlemen* golfeurs de son époque comme Walter Hagen, tous ces joueurs américains d'avant et d'immédiat après-guerre, Byron Nelson, Sam Snead, sans oublier le plus grand, Bobby Jones, qui a été le seul à réaliser le « vrai » Grand Chelem. Ce dernier a gagné en 1930 le British Amateur, le British Open, l'US Amateur, l'US Open, les quatre tournois du Grand Chelem. Il s'est retiré à 28 ans et a ensuite cofondé, en 1934, le tournoi du Masters à Augusta dont il a dessiné le parcours.

Gene Sarazen (1902-1999) frappant un drive, en ouverture de la 2e édition du Masters d'Augusta, le 4 avril 1935.

Une amitié pour faire face au nazisme

L'athlète Jesse Owens gagne 4 médailles d'or (100 m, longueur, 200 m, 4 x 100 m) aux jeux Olympiques de Berlin. Un exploit historique.

C'est une image iconique du sport. Hitler avait décidé d'utiliser les jeux Olympiques de Berlin pour véhiculer la propagande nazie et démontrer la supériorité de la race aryenne. Le fait est qu'il y a eu un concours dans lequel cette théorie en a davantage pris un coup : le saut en longueur, où, contrairement à la course, Jesse Owens n'était pas au-dessus du lot. L'Allemand Luz Long, le blond aryen par excellence, auquel il était directement opposé, en était favori, mais Owens l'a remporté de peu et une fraternisation exemplaire s'est créée entre les deux hommes. Long est mort en Sicile, à 30 ans, lors de la Seconde Guerre mondiale. Jesse Owens est considéré comme l'un des plus grands athlètes américains de l'histoire avec Carl Lewis, mais il est parfois des exploits qui dépassent la personnalité de leurs auteurs et c'est assurément le cas d'Owens en 1936. Il n'avait rien de rebelle en lui, c'était un athlète bien préparé qui, comme disent les Américains, *« did the job and did it well »*.

Discussion entre Carl Ludwig « Luz » Long (1913-1943) et Jesse Owens, en août 1936. L'athlète allemand sera le premier à féliciter le champion américain à la fin du concours de saut en longueur, sous les yeux du Führer.

Jesse Owens (1913-1980) au départ du 200 m, le 5 août 1936. Une course où il établit un nouveau record du monde en 20"7, qui tiendra 15 ans avant d'être battu.

Le dernier saut à 8,06 m,
le 4 août 1936.

Sur la plus haute marche du podium, Owens savoure sa médaille d'or du saut en longueur, la moins attendue, entre Luz Long (argent) faisant le salut nazi de rigueur et le Japonais Naoto Tajima (bronze).

Un homme immortel

Émile Allais, champion du monde de descente ! C'est une première pour un skieur français.

Je ne sais pas si le ski conserve, mais Émile Allais s'est éteint à l'âge de 100 ans en 2012, et a pratiqué son sport jusqu'à 95 ans ! On a du mal à penser qu'il a gagné en 1937 et même tout gagné : le slalom, la descente, le combiné ! Il a participé à la création de nombreuses stations de ski outre-Atlantique (Sun Valley, Squaw Valley) et en France (La Plagne, Les Ménuires). Des skis et des vêtements ont porté son nom. C'est l'exemple même d'une constance, d'un homme sain, bronzé toute l'année, avec sa crinière blanche. Il était immortel, cet homme-là !

Émile Allais (1912-2012) passant la ligne d'arrivée du slalom, lors des 1ers Championnats du monde de 1937 à Chamonix. Celui qui fut le 1er skieur français médaillé olympique (bronze, en 1936), réalise l'année suivante le triplé mondial (descente, slalom et combiné).

L'Amitié, victorieuse par *K.-O.*

Joe Louis *vs* Max Schmeling, acte II (Championnat du monde des poids lourds). Devant les 80 000 spectateurs du Yankee Stadium, l'Américain obtient sa revanche sur celui qui deviendra son ami par *K.-O.* dès le 1er round.

Match 1 (ci-dessus) : Max Schmeling (1905-2005) lève les bras en signe de victoire tandis que l'arbitre compte l'Américain *K.-O.* à la 12e reprise, le 19 juin 1936, à New York.

Quand l'humanisme du sport triomphe de l'instrumentalisation dont il fait l'objet de la part d'intérêts politiques et nationalistes... C'est une belle histoire, que je situerais dans la lignée de celle de Luz et Owens et qu'il faut replacer dans le contexte de la fin des années 1930 où beaucoup ont réduit ce combat à une confrontation entre démocratie américaine et fascisme allemand. De part et d'autre, on s'est emparé de l'événement sportif. Le 1er match entre Schmeling et Louis en juin 1936, où l'Allemand infligea la 1re défaite de sa carrière à l'un des plus grands boxeurs de tous les temps, avait ainsi été largement exploité par le régime nazi pour lequel il n'était pas seulement question de sport mais de « prestige pour la race aryenne ». De même, avant la revanche en juin 1938, Joe Louis fut reçu par Franklin D. Roosevelt qui exhorta le boxeur « à défendre l'Amérique ». Et pourtant, les deux principaux protagonistes de l'événement ne participèrent en rien à cette surenchère propagandiste. Ils s'en tinrent à l'intérêt sportif et eurent un comportement modèle hors du ring. Ils sympathisèrent et devinrent même amis, jusqu'à la mort de Joe Louis en 1981 – que le champion allemand aida financièrement pendant de nombreuses années. Tout comme Luz vis-à-vis d'Owens, Schmeling n'était donc pas « le méchant nazi » contre le « gentil Américain ». Refusant de collaborer avec Goebbels, c'est à son corps défendant –si je puis dire pour un boxeur ! – que ses victoires furent utilisées par ce dernier.

Match 2 : deux ans plus tard, il suffit d'à peine deux minutes à Joe Louis (1914-1981) pour rendre la pareille à l'Allemand par *K.-O.* technique au 1er round, le 22 juin 1938.

Le Mythe Cerdan

En battant l'Américain Tony Zale au Roosevelt Stadium, Jersey City, Marcel Cerdan devient champion du monde des poids moyens et entre dans la légende.

C'était la plus grande idole du sport français d'après-guerre. Marcel Cerdan a montré qu'on pouvait réussir tout en étant issu d'un milieu plus que modeste (il était quasi analphabète). Il s'en est sorti à la force de ses poings. Quel immense paradoxe entre le battant, le tueur qu'il a été sur le ring et la douceur infinie le caractérisant dans la vie ! Tous les témoignages concordent : c'était un type absolument adorable, quelqu'un de gentil. Il a eu une vie sentimentale délicate, il était marié lorsqu'il tomba fou amoureux d'Édith Piaf. Survint alors le drame : il pensait gagner New York par bateau, mais Édith lui a demandé de prendre l'avion pour la rejoindre plus vite. L'avion s'est écrasé avec également à son bord la violoniste Ginette Neveu. Ce jour-là, le 28 octobre 1949, le sport et le milieu musical français ont perdu deux de leurs plus grands représentants. La boxe était extrêmement populaire dans ces années-là. Comme il n'y avait pas la télévision, les gens écoutaient les matches à la radio (pour mémoire, ce n'est qu'avec les jeux Olympiques de Rome en 1960 que les grandes retransmissions sportives à la télévision ont vraiment débuté). Le décalage horaire avec les États-Unis faisait qu'on les écoutait en pleine nuit ; tout cela engendrait une certaine magie et du mystère. C'est encore souvent le cas pour moi lorsque j'écoute un événement à la radio, il prend plus de force parce que je dois l'imaginer. Tout le monde ne connaissait pas le visage de Cerdan mais tout le monde connaissait son nom. Son accident lui a conféré une dimension mythique puisqu'on ne l'a pas vu vieillir.

Victoire de Cerdan (à droite) par *K.-O.*, suite à un terrible crochet du gauche porté par le Français à la mâchoire de son adversaire à la fin du 11e round. Malgré le gong, Zale ne s'en remet pas et ne reprend pas le combat.

Sur le Toit du monde

Le 28 mai 1953, Edmund Hillary (1919-2008) et Tenzing Norgay (1914-1986) sur l'arête sud-est, sur le point de partir vers le sommet sud sous lequel sera établi le dernier camp de base à 8 500 m, avant leur assaut final et victorieux du lendemain.

Il est 11 h 30, lorsque le Néo-Zélandais Edmund Hillary et le sherpa Tenzing Norgay, à bout de souffle, se tiennent debout sur l'Everest, à 8 848 m. Le géant est enfin conquis !

À mon humble avis, nous sommes face au plus grand exploit sportif du XXe siècle. Il s'agit de parler à la fois de sport et d'aventure. L'Everest est la montagne mythique par excellence ! On est totalement ici dans le domaine du rêve, de l'imagination. La comparaison avec la conquête de l'Annapurna, trois ans plus tôt, en 1950, s'impose. On peut en effet évoquer le regretté Maurice Herzog – qui nous a quittés en décembre 2012 –, le pionnier de l'Himalaya dont l'expédition reste dans les annales. Je pense que le Français et le Néo-Zélandais sont liés par un destin qui perdurera à jamais. Et je tire mon chapeau à sir Edmund Hillary d'avoir toujours considéré son sherpa Tenzing Norgay comme son égal et d'avoir partagé avec lui le mérite de la victoire. Quand on pense que le piédestal de la statue érigée à Chamonix en hommage à Horace-Bénédict de Saussure – le scientifique y est représenté en compagnie de Jacques Balmat qui lui indique du doigt le sommet du mont Blanc – ne mentionne même pas le nom du guide qui l'accompagne alors que ce dernier est l'auteur de la première ascension du mont Blanc… Au-dessus de 8 000 m, l'air doit être plus pur dans tous les sens du mot…

Une participation, une victoire

Après le Masters en avril, l'US Open en juin, Ben Hogan s'adjuge son 3e Majeur de l'année lors de son unique participation au British Open.

Ben Hogan était assez casanier, il n'aimait pas trop quitter les États-Unis. Il avait déclaré que s'il allait à l'Open britannique une fois, ce serait pour le gagner. C'est ce qui s'est passé en été 1953 sur les links de Carnoustie, en Écosse. Il l'a gagné une fois et n'y est plus jamais retourné ! Aurait-il pu remporter l'US PGA cette année-là ? On ne le saura jamais car cette compétition se déroulait au même moment que les qualifications du British Open...

Devant un large public, Hogan drive au départ du 10e trou, sur le parcours du Burnside Course, à Carnoustie, le 6 juillet 1953. Pour chacun de ses trois Majeurs remportés cette année-là, le Texan établit un nouveau record de scores.

La Hongrie marquée au fer rouge

À l'occasion d'une finale mémorable (3-2), la République fédérale d'Allemagne remporte la Coupe du monde à Berne, infligeant à la Hongrie, grande favorite, sa première défaite depuis 1950.

La Hongrie est, à l'époque, la plus grande équipe de football et, pour certains, l'une des plus grandes équipes de l'histoire, avec notamment Ferenc Puskás comme fer de lance. En 1953, les joueurs hongrois ont terrassé les Anglais chez eux (du jamais-vu !), à Wembley, sur le score de 6 à 3 – c'est davantage un score de tennis que de football ! C'est donc un euphémisme de dire que la Hongrie se présente avec les faveurs du pronostic à la Coupe du monde en Suisse, l'année suivante. Dans un match préliminaire, elle bat la RFA 8 buts à 3 ! C'étaient des scores incroyables, qu'on voit très rarement aujourd'hui ! N'oublions pas que nous sommes neuf ans après la fin de la Seconde Guerre mondiale et que la Hongrie en a doublement souffert, d'abord avec l'Allemagne de l'Ouest puis, ensuite, avec les Russes. Dans ce contexte, le désir de revanche contre l'équipe allemande, qu'elle retrouve en finale, est énorme. Très rapidement, la Hongrie prend l'avantage 2 à 0 et l'on se dit que c'est plié.

Mais les Allemands, sous une pluie diluvienne, reviennent dans le match et, quelques minutes avant la fin, inscrivent un troisième but… Le stade de Berne a été totalement rénové depuis, mais il y a toujours la vieille horloge qui indique l'heure à laquelle la RFA a marqué son troisième but. Les Magyars égalisent à la dernière minute par Puskás : un but parfaitement valable refusé par l'arbitre, on ne sait toujours pas pourquoi… Ils s'inclinent alors qu'ils étaient jusque-là invaincus depuis quatre ans, qu'ils gagnaient leurs matches avec cinq buts d'écart ! Ils reviennent dans leurs pays et sont considérés comme des pestiférés parce que le régime communiste n'aimait pas les perdants. Cette défaite hongroise en finale de Coupe du monde de 1954 est restée comme une marque au fer rouge, ressentie encore aujourd'hui par les plus anciens.

Le gardien de but hongrois Gyula Grosics (à gauche) à la lutte dans les airs avec l'attaquant allemand Hans Schäfer (à droite), au stade du Wankdorf, le 4 juillet 1954.

Ski et Cinéma

Aux JO de Cortina d'Ampezzo, triplé inédit du champion autrichien Toni Sailer, qui gagne successivement le géant, le slalom et la descente.

Lors de ces jeux Olympiques d'hiver, Toni Sailer, âgé de 21 ans, devient le plus grand skieur du monde en remportant 3 médailles d'or (slalom géant, slalom spécial et descente) et, un peu à l'image de Sonja Henie vingt ans auparavant, une idole. Il récidive aux Championnats du monde en 1958 à Bad Gastein, en Autriche, où il décroche deux titres sur trois (slalom géant et descente). N'obtenant « que » l'argent en slalom, il s'empare aussi de la médaille d'or du combiné ! Il arrête sa carrière à 23 ans pour faire du cinéma, mais contrairement à certains sportifs qui étaient meilleurs en sport qu'en comédie, Toni Sailer a pris des cours de théâtre à Berlin et a joué dans une vingtaine de films. Plus tard, il est revenu au ski comme entraîneur de l'équipe d'Autriche. Il nous a quittés en 2009 et Jean-Claude Killy a prononcé son éloge funèbre. Étant les deux seuls à avoir gagné ce triplé olympique, ils sont considérés comme les deux plus grands skieurs de l'histoire. Killy a dit ce jour-là : « Toni, tu es le plus grand skieur de l'histoire. »

Lors de sa descente, le 3 février 1956, Toni Sailer (1935-2009), déjà sacré à deux reprises les jours précédents, s'envole vers la victoire et intègre, par la même occasion, le panthéon des sports d'hiver en devenant le premier skieur à réaliser un tel triplé.

13

ATHLÉTISME / 1ER DÉCEMBRE 1956

Courir pour la France

Sous le soleil ardent de l'été austral, Alain Mimoun vit, à 35 ans, le plus grand moment de sa carrière en remportant le marathon des jeux Olympiques de Melbourne.

Après un nombre incalculable de deuxièmes places en course de fond dans les Jeux précédents et différents championnats, toujours derrière Emil Zátopek, Alain Mimoun s'élance dans ce marathon qu'il ne devait pas faire – il n'y était pas inscrit au départ – et l'emporte. Zátopek, malade, ne termine que sixième et Mimoun signe un grand exploit du sport français, en toute simplicité, avec son petit mouchoir sur la tête pour lutter contre la chaleur. Mimoun courait pour le général de Gaulle et est devenu une icône du gaullisme puisqu'il disait : « Je cours pour la France, je cours pour le général de Gaulle. » Je l'ai rencontré par la suite, je suis allé chez lui – sa maison s'appelait « la Melbourne » –, il y avait une naïveté étonnamment touchante qui émanait de ce garçon. À sa mort survenue il y a peu, il a eu droit à un hommage national aux Invalides.

Ovationné par le public, Alain Mimoun (1921-2013) pénètre le premier dans le stade olympique et jaillit pour le tour de piste final.
Le Français victorieux boucle ce marathon des antipodes en 2 h 25 min.

ATHLÉTISME / 27 NOVEMBRE 1956

Quatre Médailles d'or en quatre Jeux

À Melbourne, le discobole américain Al Oerter remporte le 1er de ses 4 titres olympiques de suite (avant ceux de 1960, 1964 et 1968).

Entre 1956 et 1968, Al Oerter a tout remporté. Il était totalement amateur mais s'entraînait pour l'échéance olympique. Il a été le premier à obtenir quatre médailles d'or dans quatre jeux Olympiques de suite dans la même discipline. Plus tard, seul Carl Lewis fera de même au saut en longueur.

Après Melbourne, Al Oerter (1936-2007) continue de dominer le lancer du disque à Rome, où il empoche son 2e titre olympique d'affilée, avec un record olympique en prime (59,18 m), le 6 septembre 1960.

Anquetil sur son premier Tour

Pour sa première participation au Tour de France, Jacques Anquetil conquiert facilement la Grande Boucle qu'il gagnera encore quatre fois (de 1961 à 1964).

C'est un immense hommage que je souhaite rendre à Jacques Anquetil, l'élégance incarnée sur un vélo mais aussi dans la vie. C'était un garçon d'une formidable générosité, il fêtait ses victoires au champagne et en offrait à tout le monde. Contrairement à l'image qu'il donnait, il savait vivre, il était très fêtard. On lui reprochait d'être calculateur sur le vélo, mais dans la vie il était l'inverse. Lors du cinquième et dernier Tour gagné par Anquetil en 1964 (voir p. 52), dans l'ascension du puy de Dôme, étape de légende s'il en est, Raymond Poulidor s'échappe à quelques kilomètres du sommet mais échoue dans sa conquête du maillot jaune pour 14 secondes. On demande à Anquetil : « Vous avez seulement 14 secondes d'avance sur Poulidor ? » Il répond : « C'est 13 de trop. » Ce genre de propos a contribué à donner une image de lui assez froide alors que, sur le Tour, il savait exactement ce qu'il fallait faire. La caravane du Tour ne s'y trompe pas, c'est quelqu'un qui suscitait et suscite encore aujourd'hui une énorme admiration.

Face à tous les dangers

À l'issue d'un Grand Prix d'Allemagne d'anthologie, le pilote Juan Manuel Fangio (46 ans) obtient un fantastique 5e titre de champion du monde.

On peut l'appeler « le survivant » parce qu'à l'époque, pratiquement chaque week-end, un pilote avait un accident grave, voire mortel. Parmi les pilotes de cette période, ceux qui ont eu la chance de terminer leur carrière debout, comme Juan Manuel Fangio et Stirling Moss, sont peu nombreux. Ils portaient des bonnets en cuir puis des petits casques « bol », les voitures n'avaient aucune sécurité. Ces pilotes sont des héros des temps modernes ! On parlait aussi de *gentlemen drivers*, ce qui était le cas du marquis Alfonso de Portago, issu d'une grande lignée de nobles espagnols. Ce dernier était un coureur amateur qui voisinait avec des semi-pros comme Fangio, et l'Argentin avait une immense admiration pour Portago qui faisait jeu égal – il s'est hélas tué en 1957 lors d'un rallye sur route ouverte des Mille Miglia en Italie. Fangio représentait le début du professionnalisme automobile mais courait encore avec des *gentlemen drivers*.

Le 4 août 1957, sa victoire sur le Nürburgring permet à Juan Manuel Fangio (1911-1995) d'être quintuple champion du monde, jusqu'à présent le seul à l'être dans 4 écuries différentes : 1951 (Alfa Romeo), 1954 (Maserati puis Mercedes), 1955 (Mercedes), 1956 (Ferrari) et 1957 (Maserati).

Page de gauche :
Leader du Tour depuis une semaine, Jacques Anquetil (1934-1987) passe le col pyrénéen du Tourmalet (2 115 m) avec le maillot jaune sur les épaules lors de la 18e étape, le 16 juillet 1957.

La Coupe d'Europe échappe à Reims

Comme en 1956, le Real Madrid domine le Stade de Reims en finale de la Coupe d'Europe des clubs champions.

Le Stade de Reims, qui figure parmi les pionniers de cette coupe d'Europe – voulue par un Français, Gabriel Hanot – n'a jamais réussi à l'obtenir. En 1956, lors de la première édition au Parc des Princes, il avait été battu 4 buts à 3, un score très serré. C'est dommage parce que c'était la grande équipe de l'époque. Raymond Kopa (de son vrai nom Kopaszewski), l'un des meilleurs joueurs d'origine polonaise qui évoluaient dans le football français de l'époque, est ensuite devenu madrilène. Il était en effet dans l'équipe du Real qui a battu son ancien club (2-0) lors de cette finale de 1959.

L'avant-centre de Reims René Bliard (1932-2009) faisant une tête sous les yeux de son coéquipier Just Fontaine (à gauche) et la défense madrilène, au Neckarstadion de Stuttgart, le 3 juin 1959.

La Victoire par l'œuf

Douze ans après la victoire d'Henri Oreiller à Saint-Moritz, l'épreuve reine des Jeux d'hiver couronne à nouveau un skieur français : Jean Vuarnet est médaille d'or olympique de descente à Squaw Valley.

Étrange personnage que ce Jean Vuarnet, grand champion de ski certes, mais d'un naturel comment dire, secret, mystérieux, taiseux. Vuarnet fut évidemment un très grand skieur, c'est lui qui, en 1960, fut le premier à adopter la position dite de « l'œuf », genoux pliés, buste arrondi en avant et bâtons sous les bras, attitude extrêmement efficace pour gagner de la vitesse. Mais curieusement, c'est quelqu'un qui n'a jamais vraiment su aller vers le public. Et j'en veux pour preuve que quelque temps après, dans les années 1970, il devint brièvement entraîneur de l'équipe de France de ski, qui était la meilleure au monde mais qu'il décapita pour de vagues histoires de contrats. Vuarnet fut un grand champion, je suis un petit peu plus partagé quant à l'homme.

Jean Vuarnet aux jeux Olympiques de Squaw Valley, en Californie, en février 1960. Ayant décroché le bronze, son compatriote Guy Périllat l'accompagne sur le podium de la descente.

L'Après-Palmer

Arnold Palmer (1929-2016) gagne l'US Open, juste devant un amateur nommé Jack Nicklaus. Son règne touche à sa fin et une nouvelle ère va débuter.

« The King » bondit de joie et retire sa casquette après avoir rentré son dernier putt, synonyme de victoire finale, le 18 juin 1960.

1960, premier US Open de la décennie, qui met en compétition l'Américain Arnold Palmer suivi avec beaucoup de ferveur par le public américain – à tel point qu'on appelle tous ses suiveurs « the Arnie's Army » – et l'amateur Jack Nicklaus, gros bébé venu de l'Ohio. Palmer remporte le tournoi devant Nicklaus mais tout allait changer, par la suite. Ce dernier allait établir une suprématie sur le golf mondial, jamais atteinte jusque-là. Nicklaus a remporté la bagatelle de 18 titres du Grand Chelem, ce qui en golf est absolument inouï. Et je pense que ce record ne sera jamais battu. Arnold Palmer brûlait ses dernières cartouches devant Jack Nicklaus. À l'image de la France, tiraillée entre Anquetil et Poulidor, l'Amérique a été partagée entre Jack Nicklaus et Arnold Palmer.

Un marathon pieds nus

Au milieu des ruines de la Rome antique, l'Éthiopien Abebe Bikila, 28 ans, devient le premier Africain champion olympique de marathon.

Le plus grand marathon de l'histoire olympique fut assurément celui de Rome, en 1960. Cette course nous permit de découvrir l'Éthiopien Abebe Bikila, ou Bikila Abebe, on pouvait l'énoncer des deux manières. Surtout, ce qu'il y eut d'absolument extraordinaire fut qu'il courut pieds nus. Je dis bien pieds nus, sur l'asphalte des rues de Rome, avec une cérémonie protocolaire qui eut lieu aux abords du Colisée éclairé. Le marathon s'était en effet terminé de nuit pour préserver les hommes de la chaleur. Il se trouve qu'Abebe Bikila allait récidiver quatre ans plus tard, aux JO de Tokyo, cette fois-ci avec des chaussures. Malheureusement, la fin fut bien triste puisqu'il décéda en 1973, de complications dues à un grave accident de voiture survenu quelques années auparavant.

L'Arc de Constantin est celui du triomphe d'Abebe Bikila (1932-1973), le 10 septembre 1960. En franchissant quelques mètres plus loin la ligne d'arrivée, avec un record du monde inédit (2 h 15 min 16 s), le nouveau héros de l'Éthiopie verra son nom résonner dans la fabuleuse nuit romaine et entrer à jamais dans la légende de l'athlétisme.

La Véritable « Gazelle noire »

Triple couronne olympique à Rome pour Wilma Rudolph, première Américaine à remporter 3 médailles d'or (100 m, 200 m et 4 x 100 m) au cours des mêmes jeux Olympiques.

L'expression « gazelle noire » a quelque peu été galvaudée à travers l'histoire. Pourtant s'il y a eu une gazelle noire, c'est véritablement l'Américaine Wilma Rudolph. Sacrée aux jeux Olympiques de Rome, dans une effervescence incroyable, une jeune femme timide, posée, mince ; une jeune femme avec un physique ravissant, un sourire qui ne l'était pas moins. La première gazelle noire… Wilma Rudolph, USA.

2 septembre 1960, finale du 100 m : Wilma Rudolph (1940-1994), ayant égalisé le record du monde de 11"3 en demies, franchit en tête le ruban de la ligne d'arrivée en 11", temps non homologué (vent favorable). Une performance incroyable quand on sait que l'athlète avait contracté la polio dans son enfance.

À 18 ans, le boxeur américain Cassius Clay est sacré champion olympique des mi-lourds à Rome.

Un danseur nommé Cassius Clay

Celui qui ne s'appelait pas encore Mohamed Ali, mais Cassius Clay, était très jeune aux jeux Olympiques de Rome, à peine 18 ans. Peu de monde le connaissait, et pourtant déjà, il s'illustra dans sa catégorie par ce qui allait être sa marque de fabrique : un phénoménal jeu de jambes. Cassius, à l'époque, et ce fut le cas tout au long de sa carrière, ne courait pas, ne parait pas simplement les coups de l'adversaire, il dansait sur le ring. Il avait un sens de l'esquive absolument inouï, ce qui donnait l'impression d'une danse et surtout ce qui faisait qu'il ne se fatiguait pas ! Il esquivait, il esquivait, et puis tac ! Telle une abeille il piquait, et en général quand il piquait, c'était à mort. « À mort » étant bien entendu une formule. Longtemps invaincu, il obtint beaucoup de victoires avant la limite. On signalera qu'en ce temps-là les combats amateurs se disputaient sans casque, c'est dire que ces jeunes boxeurs possédaient une force, une agilité et un courage extraordinaires. Pour la petite histoire, Cassius Clay aurait jeté de rage sa médaille après qu'on aurait refusé de le servir à cause de sa couleur de peau dans un café ou un restaurant à Louisville. On lui a remis une réplique quelques années plus tard, aux JO d'Atlanta de 1996, lors de la cérémonie où il alluma la flamme. À un certain moment, il fut mal aimé, ayant refusé de faire son service militaire au Viêt Nam, pendant les cinq meilleures années de sa carrière. De 1967 à 1971, il fut tout simplement interdit de combat et déchu de son titre mondial. Je pense que le jeune Cassius Clay et le futur Mohamed Ali, aujourd'hui considéré comme le plus grand boxeur de tous les temps, est né à Rome en 1960.

Après sa victoire en finale contre le Polonais Zbigniew Pietrzykowski, Cassius Clay monte sur la plus haute marche du podium, sous le dôme du Palazzetto dello Sport, le 5 septembre 1960.

Il est bel et bien « *the Greatest* »

Cassius Clay, jeune vantard de 22 ans, défait le tenant du titre Sonny Liston, de 10 ans son aîné, et devient le nouveau champion du monde.

Février 1964, Sonny Liston, mauvais garçon s'il en est, est champion du monde en titre des poids lourds, et voici qu'arrive ce jeune coq, encore nommé Cassius Clay, qui déclare : *« I'm the greatest »*, et en filigrane, « je vais le détruire » (on peut dire que le challenger avait le sens de la formule !). Effectivement il a « détruit » le champion du monde, qui déclare forfait à l'appel du 7e round. Un champion du monde battu par *K.-O.*, c'était quelque chose de tout à fait unique, et Clay n'avait pas le triomphe modeste. Je me souviens de cette fameuse image du second combat où on le voit en train d'insulter Liston à terre : « Relève-toi, relève-toi espèce de feignant... » Car Cassius Clay, devenu entre-temps Mohamed Ali, va en effet battre à nouveau Liston un an plus tard en défendant son titre lors d'une revanche, et cette fois le combat tourne court : Liston est mis *K.-O.* dès le premier round !!!

Sur le ring de Miami Beach, le favori Sonny Liston (1932-1970) encaisse les coups du sous-estimé Cassius Clay et subit la 1re défaite de sa carrière, qui plus est par *K.-O.*

Blancs *vs* Noirs

C'est « le combat du siècle » au Madison Square Garden de New York : Mohamed Ali *vs* Joe Frazier. Ce dernier devient le premier homme à vaincre *« The Greatest »*, battu aux points, et conserve à cette occasion le titre des poids lourds.

Match que j'ai suivi en pleine nuit. C'est extraordinaire parce que ce match-là opposait – ça peut paraître drôle de le dire alors que les deux boxeurs étaient noirs – l'Amérique blanche à l'Amérique noire ! Mohamed Ali était revenu de cinq ans de suspension pour ne pas avoir honoré ses engagements militaires, et Joe Frazier était un peu le champion de l'Amérique bien-pensante. Et je crois qu'il n'est pas exagéré de dire, en schématisant un peu, que lors de ce combat, les Blancs étaient pour Frazier et les Noirs pour Ali. Eh bien ce jour-là, si j'ose cette formule, un « Blanc », évidemment entre guillemets, l'a emporté contre un Noir, puisque Frazier l'a remporté. C'était un combat d'une violence absolument inouïe ! Les deux ont fini à l'hôpital, je crois même que le vainqueur était encore plus atteint que le vaincu ! Ali était plus grand que Frazier, mais Frazier avait plus de punch, et il méritait sa victoire.

Surpris par un crochet du gauche de Joe Frazier (1944-2011), Ali se retrouve à terre à la dernière reprise. Il se relève mais perd le match sur décision unanime des juges à l'issue des 15 rounds.

Ali, l'Universel

Nassau, Bahamas. Le rêve pour certains. Le purgatoire proche de l'enfer pour Mohamed Ali.

Ce 11 décembre 1981, il descend une dernière fois du ring. Battu par un bon boxeur poids lourds, le Canadien Trevor Berbick. Dernière frasque d'un Ali qui se met en danger depuis trois, quatre ans. Prendre des coups de massue qu'il n'évite plus nuisent gravement à la santé. Surtout de plein fouet.

Les premières infos concernant le mal qui ronge sa nature voient le jour. Lenteur, lui si vif. Rigidité, lui si souple. Balbutiements, lui si éloquent. Autant de signes précurseurs d'une saloperie appelée Parkinson, que des médecins spécialisés décèlent et révèlent.

En 1984, le diagnostic tombe. Sans appel. Mohamed Ali souffre de cette maladie. Il déclare : « Je croyais être un Dieu, mais Dieu m'a rappelé que je suis humain. »

Dès lors, sa vie se commue en un autre combat, la survie. La sienne, celle des autres.

En 1990, il rend visite à Saddam Hussein pour délivrer 32 otages américains, canadiens et anglais capturés lors de l'attaque irakienne au Koweït. Au retour, il n'a pas droit à l'avion d'État. Certains otages refusent de rentrer par cet avion, préférant celui pris par Ali. Six ans plus tard, il allume en tremblant la flamme des JO d'Atlanta. Le monde découvre un Mohamed Ali très diminué. Élu « sportif du XXe siècle » aux Awards de *Sports Illustrated,* il donne la réplique à l'acteur Billy Crystal dans le sketch le présentant. Preuve que le mental demeure.

À Philadelphie, en 2012, il reçoit la médaille présidentielle de la Liberté, plus haute distinction civile de la nation américaine.

Mohamed Ali (1942-2016), le 16 mai 1977, conserve le titre de champion du monde des poids lourds face à Alfredo Evangelista. Le combat à lieu à Landover, dans le Maryland. Légende éternelle.

Fidèle à ses idées, il refuse de voir son étoile paver Hollywood Boulevard et être piétinée. Elle est située à l'entrée du Theater Dolby, anciennement Kodak Theater, à Los Angeles.

Trente-deux ans après la détection du mal qui l'a rongé, Mohamed Ali s'est éteint le 3 juin 2016 à Scottsdale, en Arizona, et repose dans le cimetière Cave Hill de Louisville, sa ville natale.

Guerre froide au stade Lénine

Une rencontre américano-soviétique en or : les athlètes Wilma Rudolph (à gauche) et Vera Krepkina (à droite), championnes olympiques à Rome l'année précédente – triple couronne en sprint pour la première et saut en longueur pour la seconde.

À Moscou, l'affrontement URSS-USA est le théâtre de grandes performances. Les deux superpuissances rivalisent à coup de records du monde.
Côté soviétique, par exemple, Valeriy Brumel bat son propre record avec un saut en hauteur de 2,24 m tandis que Tatiana Chelkanova améliore de 6 cm celui de la longueur avec 6,48 m. Côté américain, se distinguent notamment Ralph Boston en longueur (8,28 m), Wilma Rudolph au 100 m (11''3) ou encore les relais 4 x 100 m avec 39''1 (messieurs) et 44''3 (dames).

Nous sommes au cœur des années de la Guerre froide et du rideau de fer, et de simples rencontres sportives deviennent un enjeu politique. Certes, on fraternisait plus ou moins sur le terrain, mais il y avait surtout une volonté d'imposer une suprématie à travers les rendez-vous sportifs. Cela pouvait dégeler un petit peu les relations, mais enfin, il faut tout de même reconnaître que c'était très politique tout ça. Ces grands matches URSS-USA attiraient une foule énorme. Je regrette qu'il n'y ait plus aujourd'hui de rencontres comme ça, inter-nations. C'était très spectaculaire évidemment à voir et à vivre, le stade était archiplein, il y avait des dizaines et des dizaines de milliers de personnes. Quand on voit cette photo, l'Américaine Wilma Rudolph et la Soviétique Vera Krepkina, voilà, on fraternise en apparence, mais bon, on fraternise quand même…

Nées sous le signe des Anneaux

Aux jeux Olympiques d'Innsbruck, médailles d'or de Christine Goitschel (devant Marielle) en slalom spécial et de Marielle Goitschel (devant Christine) en slalom géant. Chez les hommes, François Bonlieu est sacré en slalom géant tandis que Léo Lacroix décroche l'argent en descente.

Gloire aux sœurs Goitschel, Christine et Marielle, qui réussissent un phénoménal coup double aux jeux Olympiques d'Innsbruck 1964 ! Songez seulement : Christine Goitschel remporte le slalom spécial, discipline ô combien technique où il faut valser entre les piquets, devant sa sœur Marielle. Puis Marielle Goitschel cette fois, deux jours plus tard, gagne le géant devant sa sœur Christine. C'est tout à fait unique, non seulement dans les annales des Jeux mais dans le sport tout court, que deux sœurs, lors d'une même épreuve réalisent un doublé, dans l'ordre et ensuite dans le désordre, si l'on peut dire… Dans le contexte de l'époque, les deux sœurs, et surtout Marielle Goitschel, deviennent véritablement des héroïnes de la France entière. Marielle Goitschel va récidiver quatre ans plus tard à Grenoble en remportant le slalom, spécial cette fois. Et elle sera reçue par le général de Gaulle, en compagnie de tous les sportifs qui ont brillé lors des JO de 1968.

Portées en triomphe, Christine (à gauche) et Marielle (à droite) savourent leur doublé familial inédit en slalom spécial, le 1er février 1964. Deux jours plus tard, leur doublé « inversé » en slalom géant donnera lieu à de nouvelles embrassades.

Un solitaire face à l'Atlantique

À bord d'un voilier de sa conception, le *Pen Duick II,* Éric Tabarly remporte la seconde traversée de l'Atlantique en solitaire en 27 jours, devant Francis Chichester, le vainqueur de l'édition précédente.

Juin 1964, Éric Tabarly remporte sa première transat en solitaire. Marin taiseux, capitaine de vaisseau, il avait pour particularité de ne jamais se manifester pendant la course. Il est vrai que les moyens techniques étaient moins développés qu'aujourd'hui, mais on pouvait tout de même donner un petit peu de nouvelles, ne serait-ce qu'à la direction de course ou à sa famille et à ses proches. Tel n'était pas le cas de Tabarly, personne ne savait où il se trouvait, et voilà qu'il débouche du brouillard en juin 1964 à Newport et remporte cette transat. Pour moi, Éric Tabarly n'est pas loin d'être le plus grand sportif français de l'histoire, déjà dans sa discipline et puis peut-être dans sa manière d'être. Je me rappelle l'une de mes toutes premières interviews alors que j'étais encore dans la presse écrite. On m'envoie vraiment au feu puisque Tabarly, me disait-on, ne parle jamais. Je l'ai rencontré dans sa maison à Rueil-Malmaison, et il s'est montré extrêmement aimable, disponible et courtois. Sa mort en 1998 fut vraiment une tragédie pour le sport et, je dirais, pour la France. Il me revient en mémoire une dernière anecdote, lors de l'inauguration de la Cité de la voile Éric-Tabarly à Lorient, où, dans son carnet scolaire exposé, j'ai pu lire qu'un de ses professeurs avait eu cette appréciation ô combien inopportune : « est fait pour tout sauf pour la navigation » !

Éric Tabarly (1931-1998), avec sa barbe d'un mois, sur le pont du *Pen Duick II,* à l'approche de Newport, le 19 juin 1964.

Deux champions au coude à coude, le 12 juillet 1964. Victime d'une défaillance, le maillot jaune Anquetil (à gauche) lutte pour ne pas succomber aux accélérations de « Poupou » (à droite). À l'issue de cette 20e étape (entre Brive et Clermont-Ferrand), remportée par Julio Jiménez, Anquetil parvient à conserver 14 petites – mais suffisantes – secondes d'avance au classement général, avant les 3 dernières étapes.

ACTUALITÉS TÉLÉVISÉES
R.T.F.
TOUR DE FRANCE 1964
118
TOUR DE FRANCE 1964
124 PRESSE
TOUR DE
115
St Raphaël GITANE

Poulidor éternel second

Malgré une terrible ascension du sommet du puy de Dôme sur la fin de laquelle il se fait distancer par Raymond Poulidor, Jacques Anquetil ne laisse pas lui échapper sa 5e et ultime victoire dans la Grande Boucle.

Mano a mano particulièrement spectaculaire entre Jacques Anquetil et Raymond Poulidor sur ce Tour 1964. La France est divisée en deux, même si elle est à 80 % en faveur du Limousin (Poulidor). Anquetil se fait décrocher dans le puy de Dôme et perd une quarantaine de secondes, mais réussit quand même, avec cette admirable science de la course, à limiter les dégâts, et à creuser un écart définitif dans le dernier contre-la-montre du côté du vélodrome de la Cipale, à Vincennes. Au classement final, il y aura 55 secondes d'écart entre les deux hommes. Une formidable estime réciproque existait entre eux, qui me paraissait être vraiment sincère. Et j'en veux pour preuve cette anecdote que peu de gens connaissent. Avant qu'Anquetil ne s'éteigne de façon tragique en 1987 (il n'avait alors que 53 ans), Poulidor est venu le voir, et Anquetil lui aurait dit : « Décidément Raymond, tu seras toujours deuxième. » Il sous-entendait qu'il partait le premier. Il faut beaucoup d'intelligence, et beaucoup d'humour, pour arriver à dire ce genre de choses en pareille circonstance. Je suis un très fervent admirateur de Jacques Anquetil.

ATHLÉTISME / 18 OCTOBRE 1964

Le Drame de Jazy

Terrible désillusion pour Michel Jazy ! Le Français est seulement 4e lors du 5 000 m des Jeux tokyoïtes.

Octobre 1964, jeux Olympiques de Tokyo, Michel Jazy est quasi invaincu sur la distance du 5 000 m et se présente comme archifavori. Rappelons qu'il avait terminé deuxième de cette même course à Rome quatre ans plus tôt. Jazy, sûr de sa force, démarre à peu près à 300 mètres de la ligne, c'est-à-dire beaucoup trop tôt, et se fait petit à petit manger par tous les concurrents, à commencer par l'Américain Bob Schul dont personne n'avait jamais entendu parler et qui remporte la course. Pour Jazy, c'est le drame ! Il n'est même pas sur le podium et termine à la plus mauvaise place : la quatrième. La France avait suivi cette course essentiellement branchée sur la radio. Et le radio reporter qui disait : « Ah ! Jazy est deuxième ! Jazy est troisième ! Jazy est quatrième ! » C'était absolument terrible, non seulement Jazy se fait battre alors qu'il était grand favori mais il termine à la pire place.

Michel Jazy en tête de la course lors de sa série qu'il gagne aisément, le 16 octobre 1964. Malheureusement pour lui, deux jours plus tard sous la pluie, il en sera autrement de la finale où il est devancé par Bob Schul, Harald Norpoth et Bill Dellinger.

Mascotte française

En finale olympique du 100 m dos, Christine Caron arrive 2e, devancée de 2/10e par la jeune Américaine Cathy Ferguson qui établit un nouveau record du monde (1'07"7).

Christine Caron était devenue une héroïne française. Déjà, c'était une jolie fille. À l'époque, elle était pratiquement aussi connue que Brigitte Bardot ; à tel point qu'elle en avait pris certaines intonations de voix. Le faisait-elle exprès, ou bien était-ce venu comme ça, naturellement ? Elle était entraînée par Suzanne Berlioux. Les gens étaient très émus de voir nager Christine Caron. Cette médaille en argent pouvait être une petite déception, enfin c'était quand même une médaille d'argent olympique, ce n'est pas comme Michel Jazy qui finit quatrième. Peut-être que le fait qu'elle ait été battue par la petite Américaine l'a rendue encore plus émouvante, d'une certaine manière. On l'appelait Kiki Caron.

Occupant les deux plus hautes marches du podium, Cathy Ferguson en larmes et Kiki Caron (à gauche) sont âgées de seulement 16 ans. Outre sa médaille de bronze, l'Américaine Virginia Duenkel (à droite), 17 ans, a aussi remporté la médaille d'or du 400 m nage libre.

Un rarissime doublé 100 m - 400 m

L'Américain Don Schollander gagne le 400 m après le 100 m nage libre, 2 titres auxquels il faut ajouter les médailles d'or du relais 4 x 100 m nage libre et du relais 4 x 200 m nage libre.

Remporter le 100 m et le 400 m est quelque chose d'absolument unique, qui ne s'est jamais refait depuis. De plus, il était l'archétype du bon Américain : jeune étudiant, blond, sympathique, souriant, modeste. Quand il pose avec ses quatre médailles d'or, c'est évidemment le genre de photo dont les Américains raffolent. Mais le succès est mérité : c'est la première fois qu'un nageur gagne quatre médailles d'or aux mêmes JO et la première fois qu'un athlète est quadruple champion depuis Jesse Owens. Pour la petite histoire, l'éphémère recordman du monde du 100 m à cette époque n'était qu'autre que le Français Alain Gottvallès, qui termina cinquième de cette finale.

Arborant ses 4 médailles décrochées au Japon, Don Schollander est le premier nageur du monde, après Johnny Weissmuller en 1924, qui ait triomphé à la fois en sprint et en demi-fond.

Dix Secondes aux JO, c'est nouveau !

L'explosif Bob Hayes remporte le 100 m en 10'' aux JO de Tokyo, égalant le record du monde codétenu par Armin Hary, Harry Jerome et Horacio Esteves. Il gagne aussi le 4 x 100 m avec un nouveau record mondial de 39''.

Bob Hayes (1942-2002), deuxième couloir en partant de la gauche, est le 4e relayeur de l'équipe américaine qui enlève le 4 x 100 m olympique, le 21 octobre 1964.

Extraordinaire Bob Hayes, qui n'était pas très connu jusqu'à ce qu'il foule la piste en cendrée des jeux Olympiques de Tokyo en 1964. Bob Hayes, coureur tout en muscles, un petit peu l'inverse de ce qu'allait être Carl Lewis, mais d'une efficacité diabolique. Un garçon très gentil, très timide dans la vie, mais sur la piste il ne craignait personne. Il fait coup double en remportant le 100 m et le 4 x 100 m. Au relais, ayant pris le témoin un peu en retard, il a beau se retrouver six mètres derrière les autres coureurs, il avale tout le monde dans la dernière ligne droite ! C'est le premier homme à faire 10 secondes tout rond dans l'épreuve reine des Jeux. À l'époque, le chronométrage électronique n'existait pas encore, c'était manuel ; donc il a plutôt dû être entre 9''9 et 10''1. Mais premier homme effectivement à inscrire son nom sur les tablettes du 10'' aux jeux Olympiques, record du monde égalé.

Drame national au Japon : *bis repetita*

Après sa victoire aux Championnats du monde de 1961 contre Koji Sone, le judoka Anton Geesink fait à nouveau pleurer le pays du Soleil-Levant en raflant la médaille d'or toutes catégories aux dépens d'un autre Japonais, Akio Kaminaga.

Sur le tatami du Nippon Budokan, Anton Geesink (1934-2010) combat pour le titre suprême contre Akio Kaminaga (1936-1993), soutenu par tout un peuple, le 23 octobre 1964. Premier champion du monde non japonais, le Néerlandais devient aussi le 1er non japonais sacré champion olympique dans cette discipline.

Quelquefois, certains événements dépassent le cadre du sport, et celui-là assurément en est un. Il faut se remettre dans le contexte de l'époque, c'est-à-dire dix-neuf ans après la fin de la Seconde Guerre mondiale. Le Japon organise ses Jeux sous la houlette de l'empereur Hirohito, souverain pendant la guerre, et qui doit la vie au général MacArthur. Évidemment, par l'intermédiaire des Jeux, le Japon souhaite redorer son blason. La principale chance de médaille d'or pour ce pays est le judo, notamment dans l'épreuve reine, à savoir les toutes catégories. Mais c'est sans compter sur Anton Geesink, le géant hollandais, qui met à terre Akio Kaminaga et devient le premier judoka non japonais champion olympique. C'est incroyable, mais après cette défaite, il y eut un certain nombre de suicides au Japon. Cet événement a été considéré, sans exagération, par certains Japonais, comme la deuxième plus grande défaite de leur pays après celle de la Seconde Guerre mondiale.

Enfin l'or !

Il était temps ! Le succès de Pierre Jonquères d'Oriola et Lutteur B en saut d'obstacles offre le seul titre olympique français de ces Jeux de Tokyo.

Ce qui est insolite aux jeux Olympiques de Tokyo, c'est qu'ils s'étaient plutôt mal passés pour les Français ; les athlètes étaient placés mais non gagnants. On attendait toujours la première médaille d'or. Voilà l'ultime jour des Jeux, celui du jumping, et Pierre Jonquères d'Oriola remporte la médaille d'or sur Lutteur B. Le Catalan est le lointain prédécesseur de Pierre Durand qui, sur Jappeloup de Luze, allait l'imiter vingt-quatre ans plus tard à Séoul.

Pierre Jonquères d'Oriola (1920-2011) et sa monture lors du concours de saut d'obstacles individuel, le 24 octobre 1964. Deux ans plus tard, le cavalier français confirmera son sacre olympique en devenant champion du monde avec un autre cheval, Pomone B.

Éclatante Revanche

Médaillé d'argent lors des deux éditions précédentes, le patineur Alain Calmat devient, enfin, champion du monde, à Colorado Springs (États-Unis).

Alain Calmat, champion du monde sur la glace de Colorado Springs en 1965, c'est avant tout l'histoire d'un combat, et d'une revanche. Revanche sur le sort, puisque, s'il avait triomphé dans beaucoup de championnats d'Europe, et cela va de soi dans des championnats de France, il n'avait encore jamais connu de succès mondial. Il s'en était fallu d'un rien, d'un juge, pour qu'il soit champion olympique sur la glace d'Innsbruck un an plus tôt. Alain Calmat prit donc une éclatante revanche en 1965. Sur les photos de l'époque, pleines de nostalgie, on s'aperçoit qu'il y avait à la fois les figures imposées, qui comptaient tout de même pour 50 % de la note, et les figures libres. Calmat fut un as dans les deux catégories. Aujourd'hui à la retraite, Alain Calmat a été médecin, a donc suivi de longues études pendant qu'il patinait. Si le mot amateur a jamais défini un champion, c'est certainement Alain Calmat.

Le triple champion d'Europe et quintuple champion de France (au centre) a dû attendre sa 11e participation pour gagner les Championnats du monde, le 6 mars 1965. Il devance l'Américain Scott Allen (à droite) et le Canadien Donald Knight (à gauche).

GOLF / 11 AVRIL 1966

Un ours en or

À Augusta, Jack Nicklaus gagne son 3e Masters, devenant par là même le premier golfeur à enlever le titre deux ans d'affilée.

Remporter le Masters, qui est quand même le plus grand tournoi du monde, n'est déjà pas donné à tout le monde, mais le remporter deux fois de suite comme ici, c'est exceptionnel ! Et alors, le gagner à nouveau vingt-trois ans après la première victoire, c'est encore plus extraordinaire ! C'était son tournoi, le Masters. Il l'a gagné à six reprises ! Jack Nicklaus était avant tout un compétiteur, un gagneur né et le plus grand joueur de l'histoire du golf. On l'appelait « Baby Beef » ou « Golden Bear », parce qu'il était tout blond. Il a d'ailleurs repris ce surnom pour baptiser sa marque de vêtements de golf et de sport. Il préférait le surnom de *Bear* (« ours ») à celui de *Beef* (« bœuf »), ce que je peux comprendre !

Jack Nicklaus tentant de s'extirper du sable lors d'un tournoi, en mai 1965.

Unique Titre anglais

They are the champions ! Au terme d'une finale aux nombreux rebondissements, l'Angleterre est sacrée championne du monde à Wembley, face aux Allemands (4-2).

Coupe du monde de football 1966, la finale oppose l'Angleterre à la RFA. L'Allemagne de l'Ouest, encore un peu l'ennemi à cette époque, vingt ans après la fin de la Seconde Guerre mondiale, n'était pas exactement le pays le plus ami avec l'Angleterre. Donc les Anglais y ont mis énormément de cœur, énormément de foi, de talent aussi. Je regrette simplement que cette victoire ait été ternie par un but dont on ne saura jamais exactement s'il est entré, ou pas. Le fait est qu'il n'y aurait jamais dû avoir de prolongation puisque l'Angleterre menait 2 buts à 1, et que l'Allemagne a égalisé à la dernière seconde. Les Anglais auraient pu s'éviter ce type de frayeur, mais ils ont quand même remporté le match par 4 buts à 2. De toute façon, si le but n'avait pas été accordé, ils auraient été à 3 buts à 2, du moins peut-on le penser. L'Angleterre, invaincue dans cette compétition, méritait vraiment son premier et, assez curieusement, seul titre à ce jour.

Après l'avoir reçu des mains de la reine Élisabeth II, Bobby Moore (1941-1993), le capitaine emblématique de l'Angleterre, porté par ses équipiers et la clameur du stade de Wembley, brandit le prestigieux trophée Jules Rimet, le 30 juillet 1966.

La Furia française

Les skieurs tricolores raflent 6 titres sur 8 et 16 médailles sur 24 possibles aux Championnats du monde de Portillo.

Razzia française en août 1966 au Chili où la France remporte la bagatelle de 16 médailles sur 24 en jeu. Ces championnats permirent de mettre en lumière des garçons comme Jean-Claude Killy et Guy Périllat, qui allaient évidemment confirmer deux ans plus tard aux Jeux de Grenoble, mais également Marielle Goitschel, Annie Famose, Florence Steurer, Isabelle Mir, Léo Lacroix. Une équipe de France absolument sensationnelle, au sommet de son art, constituée de filles et garçons sains et sympathiques. J'ai eu la chance de partager de très jolis moments avec eux par la suite, et je peux vous dire que ces personnes n'ont jamais changé.

Les multimédaillés Jean-Claude Killy (doublé descente-combiné) et Marielle Goitschel (doublé géant combiné, argent en slalom et descente), deux des héros de Portillo, le 14 août 1966. Suite au déclassement officiel, en 1988, d'Erika Schinegger – la gagnante de la descente a été reconnue comme un homme –, la médaille d'argent de Marielle s'est transformée en or, portant à 7 le nombre de médailles d'or françaises.

Crocodile Kid

À 22 ans, la golfeuse Catherine Lacoste devient la première joueuse amateur, – qui plus est la plus jeune de l'histoire – à remporter l'US Open féminin.

Formidable exploit, puisque qui dit Open, dit ouvert aux professionnels et aux amateurs. Naturellement, c'est davantage une formule car, quel que soit le sport, tennis, golf ou autres, les professionnels l'emportent le plus souvent sur les amateurs. Eh bien là, non. Non seulement une joueuse amateur a gagné mais c'est une étrangère, une Française totalement inconnue. Héritière certes d'une famille ô combien célèbre, mais peu connue dans le monde du golf. Bon, malheureusement, elle n'a jamais réédité cette prouesse. Mais ne serait-ce que pour ça, la famille Lacoste peut être fière d'avoir dans ses rangs, Catherine et pas seulement René. Les Américains ont d'ailleurs surnommé Catherine « Crocodile Kid », en référence à la marque de vêtements de son père.

Catherine Lacoste, fille de la golfeuse Simone Thion de la Chaume et du tennisman René Lacoste, pose le 28 novembre 1967, avec sa prestigieuse coupe obtenue quelques mois plus tôt à Hot Springs. Déjà championne du monde de golf par équipes en 1964, elle gagnera notamment le British Ladies et l'US amateur en 1969, deux compétitions majeures du circuit féminin.

Une jolie Américaine

La patineuse Peggy Fleming, bientôt triple championne du monde (1966, 1967 et 1968 presque deux semaines après les JO), obtient la médaille d'or olympique à Grenoble.

Médaille d'or à Grenoble pour l'Américaine Peggy Fleming, toute de vert pâle vêtue... Elle avait cette capacité exceptionnelle d'être aussi bonne dans les figures imposées que dans les figures libres. Certes, il y avait moins de sauts qu'aujourd'hui et c'étaient essentiellement des doubles sauts, mais ce qu'elle réalisait techniquement dans ce domaine était très propre. Sa grâce artistique la plaçait vraiment au-dessus du lot. Le public était tellement sous le charme, que les juges ne pouvaient pratiquement pas faire autrement que de lui attribuer la médaille d'or, méritée en la circonstance. Pour moi, elle est néanmoins une patineuse un petit peu surcotée. Aujourd'hui on a encore tendance à dire que Peggy Fleming est l'une des plus grandes patineuses de l'histoire. Non, cela n'est pas vrai. Plutôt une patineuse intelligente, sûre, ne prenant pas trop de risques, sachant faire ce qu'il fallait pour remporter la médaille d'or.

Peggy Fleming, 20 ans, lors d'une séance d'entraînement à Grenoble, le 5 février 1968.

Le Triplé de Jean-Claude Killy

À l'occasion des deuxièmes Jeux organisés en France – après Chamonix, en 1924 –, « King Killy » s'offre une triple couronne olympique : descente (devant Guy Périllat), slalom géant et slalom spécial.

Fantastique course, sur la descente olympique de Casserousse, non loin de Chamrousse, lieu des épreuves de ski des jeux Olympiques de Grenoble. Dans l'épreuve de la descente, Guy Périllat s'élance avec le dossard 1, et garde la tête de la course. Le 3, le 5, le 7, le 8, les grands Autrichiens, Egon Zimmermann, Gerhard Nenning, sont devancés par Périllat. Il ne reste plus qu'un homme qui puisse peut-être battre Périllat, c'est Jean-Claude Killy. Mais, sur le petit téléski qui le conduit au départ, Killy perd le fart sous ses skis. Autant dire que la course est perdue. Pourtant, il se démène comme un beau diable, et même s'il décolle de près de 40 m sur une bosse vers la fin de la course, il gagne de huit centièmes ! C'est peu huit centièmes, mais cela a changé la vie de Killy. Il ira décrocher à nouveau la victoire quelques jours plus tard en slalom géant, et le dernier jour des Jeux en slalom spécial, dans une course ô combien controversée, disputée en plein brouillard, où il va bénéficier de la disqualification, encore une fois très discutée, de Karl Schranz. Lancé dans son second parcours, l'Autrichien s'interrompt au niveau de la porte 22. Prétextant avoir été gêné plus haut par la présence d'un juge, il obtient de pouvoir recommencer depuis le départ et réalise la meilleure performance au total des deux manches. Finalement, le jury se réunit et ne valide pas le parcours, arguant qu'il avait déjà loupé deux portes avant d'avoir pu être perturbé par le contrôleur de piste. S'ensuivent contestations et autres débats qui débouchent sur un verdict : Schranz est disqualifié. Tout cet imbroglio ne serait bien évidemment plus possible aujourd'hui, avec les moyens techniques actuels, mais cela a donc permis à Jean-Claude Killy de réussir le triplé olympique. Il est le seul à l'avoir fait après Toni Sailer, le jeune Autrichien, en 1956.

Jean-Claude Killy (dossard 14) et Guy Périllat après la descente olympique de Casserousse, le 9 février 1968.

Killy en pleine action durant l'épreuve reine des Jeux d'hiver, la descente, le 9 février 1968.

Premier Grand Chelem du XV de France

Historique ! Pour la première fois depuis son entrée dans le Tournoi en 1910, l'équipe de France de rugby réalise le Grand Chelem, grâce à une dernière victoire au Pays de Galles (14-9).

Le premier Grand Chelem de l'équipe de France de rugby, signé à Cardiff, par les hommes de Christian Carrère, leur capitaine, grâce à la botte phénoménale de Guy Camberabero. À cette époque, l'équipe de France pratiquait plutôt un jeu, on va dire défensif, qui permettait surtout aux frères Camberabero, Lilian (demi de mêlée) et Guy (demi d'ouverture), de s'exprimer pleinement. Guy Camberabero avait cette faculté extraordinaire de passer des buts, dans pratiquement toutes les positions. C'est essentiellement grâce à lui que l'équipe de France a bouclé son premier Grand Chelem contre les Gallois, en marquant une transformation, une pénalité et un drop, qui s'ajoutaient aux deux essais inscrits par son frère Lilian et Christian Carrère. Il faut bien le reconnaître, le jeu de l'équipe de France n'était pas exaltant, mais néanmoins diablement efficace.

Porté en triomphe par ses partenaires Walter Spanghero (à gauche), Élie Cester (au centre) et Claude Lacaze (à droite), le capitaine Christian Carrère fut l'un des héros du match à l'Arms Park de Cardiff, le 23 mars 1968.

Sous les 10 secondes

L'Américain Jim Hines s'impose sur 100 m en 9''95, devant le Jamaïcain Lennox Miller (10'') et son compatriote Charlie Greene (10''), aux JO de Mexico.

Des récidivistes, c'est ce que sont devenus Jim Hines et Charlie Greene en prenant respectivement les première et troisième places au 100 m des JO de 1968, et en gagnant également le relais 4 x 100 m, avec deux records du monde à la clé (9''95 pour Hines, 38''2 pour le relais américain). Car ils s'étaient déjà illustrés aux Championnats des États-Unis, quelques mois plus tôt, le 20 juin 1968, à Sacramento. Lors de ces sélections américaines, qualificatives pour les jeux Olympiques de Mexico, ils furent les deux hommes (accompagné d'un troisième, Ronnie Ray Smith) qui passèrent pour la première fois, j'allais dire, le mur du son en sprint, c'est-à-dire qu'ils réussirent à descendre en dessous des 10 secondes en réalisant 9''9 (chronométrage manuel). Jim Hines, dit « Jimmy », était le successeur en droite ligne de Bob Hayes auquel il ressemblait énormément à la fois par son physique, sa puissance d'accélération, sa musculature et son talent. Bob Hayes et Jimmy Hines sont les deux jumeaux de l'athlétisme qui ont réussi à approcher, pour l'un, et à dépasser, pour l'autre, cette barre mythique des 10 secondes.

Finale du 100 m, stade olympique de Mexico, le 14 octobre 1968. Ayant raté son départ, le Français Roger Bambuck (3e à gauche) termine 5e.

La Reine Colette Besson

Au Mexique, « la Petite Fiancée de la France », devient, à 22 ans, championne olympique du 400 m, devançant la favorite britannique Lillian Board. Il s'agit du 1er titre tricolore en athlétisme, depuis la victoire de Mimoun dans le marathon de 1956.

Il s'agit d'un de mes coups de cœur absolus, parce que Colette Besson représente tout ce que j'aime en matière de sport et humainement. Issue d'un milieu très modeste, la Rochelaise n'était pas forcément prédestinée à ce genre de carrière. Elle avait failli, pour de sombres histoires de règlement, ne pas participer aux jeux Olympiques, parce qu'elle avait tendance à s'entraîner de son côté, un peu en retrait par rapport à la Fédération. Arrivent les jeux Olympiques de Mexico en 1968. Alors qu'elle n'était absolument pas favorite, et qu'elle était cinquième à l'entrée de la ligne droite, elle double petit à petit toutes les concurrentes, et tout à la fin, elle devance l'Anglaise Lillian Board au premier couloir, elle qui court au couloir cinq. Que de larmes sur le podium ! Colette pleure lors de la Marseillaise, Lillian Board est désespérée. Lorsque les athlètes des JO de Grenoble et des JO de Mexico, sont reçus à l'Élysée dans le courant de l'année 1969, le général de Gaulle aurait dit à Colette Besson : « Vous êtes l'une des seules femmes qui m'ait fait pleurer. » Lorsque je vois cette image de Colette Besson et de Lillian Board, toutes deux décédées prématurément d'un cancer, évidemment, c'est très émouvant. Colette Besson a eu un courage extraordinaire. C'est une femme pour laquelle j'ai beaucoup d'admiration. Je pense à elle très souvent.

Colette Besson (1946-2005) rayonne sur le podium, entre Lillian Board (1948-1970) désemparée, à gauche, et la Soviétique Natalya Pechonkina (bronze).

Cinquième à l'entrée de la ligne droite, 1re à l'arrivée. Avec un temps de 52", la jolie Rochelaise bat le record d'Europe, égale le record olympique et approche d'un 1/10e de seconde le record du monde, le 16 octobre 1968.

117
102
5
69

Révolution Fosbury

Le concours olympique de saut en hauteur de Mexico marque un tournant dans l'histoire de la discipline. Chose inédite aux JO, un athlète ne saute pas face à la barre : Dick Fosbury franchit 2,24 m (nouveau record olympique), empoche l'or, et sa technique spectaculaire envahit les sautoirs du monde entier.

La révolution Fosbury ! Dick Fosbury fut le premier homme à sauter en dorsal. Jusqu'alors tous les concurrents sautaient en rouleau ventral. Fosbury s'était qualifié de justesse aux championnats américains, prenant la troisième place alors qu'il y avait seulement 3 qualifiés ! Aux JO, il n'allait pas laisser passer sa chance, avec une préparation qui n'appartenait qu'à lui. Il prenait beaucoup de temps, il serrait les poings, il regardait la barre, il regardait un peu à droite à gauche, bougeait d'avant en arrière : il était complètement dans sa concentration. Le résultat fut le titre olympique à 2,24 m et une nouvelle technique de saut puisque, depuis les JO de Mexico 1968, tous les sauteurs sautent en dorsal, en « Fosbury Flop ».

Richard « Dick » Fosbury employant sa révolutionnaire technique du dorsal, stade olympique de Mexico, le 20 octobre 1968.

Un record difficile à mesurer

Dès sa première tentative, l'Américain Bob Beamon pulvérise le record du monde qu'il améliore de 55 cm ! Au Mexique, un dieu du stade est sacré champion olympique de saut en longueur.

C'est l'un des plus grands exploits sportifs de tous les temps ! Beamon, ce jour-là, devait être protégé par les dieux parce que l'orage menaçait, le tonnerre grondait, il faisait lourd, moite et très humide. Quelques minutes avant le déclenchement de l'orage, Beamon s'élance pour un saut dont la mesure ne pouvait même pas être prise parce qu'on ne prévoyait pas de saut au-delà de 8,30 m, 8,50 m. Lui s'élance et atteint les 8,90 m ! Il sait qu'il a réalisé une immense performance mais, ne connaissant pas le système métrique, parce que les Américains raisonnent en *feet* (pieds), il ne se rend pas compte tout de suite de la valeur insensée de son saut. La mesure confirmée quelques minutes plus tard, il se met à bondir de joie en n'y croyant pas. Il y croit d'autant moins que c'était son compatriote Ralph Boston, finalement médaille de bronze, qui était le grand favori. Non, je le répète, en ce 18 octobre 1968, il y avait le divin Beamon et les autres. C'était son premier essai et naturellement le concours était terminé. Son record a fini par être battu en 1991 par Mike Powell, un autre Américain, aux Championnats du monde de Tokyo. C'est presque dommage parce que je trouve qu'il fait vraiment partie des records sains, qui auraient pu rester encore longtemps. En plus, le style de Powell était beaucoup moins aérien que celui de Beamon. Aujourd'hui, on attend bien évidemment le premier homme à 9 m.

Bob Beamon flottant dans les airs de Mexico, le 18 octobre 1968.
Son record sera suspendu dans le temps pendant près de 23 ans !

Poings levés

Inoubliables : la course « facile » de Tommie Smith en finale du 200 m (or et record du monde en 19''8) et la cérémonie des médailles, le lendemain, où le champion et John Carlos (bronze) lèvent un poing ganté de noir, gardant la tête baissée quand résonne l'hymne américain…

Le 200 m est remporté par l'Américain Tommie Smith devant l'Australien Peter Norman et un autre Américain, John Carlos. L'on retient deux choses : une course extraordinaire de Smith qui, malgré le fait qu'il se relève environ à près de 20 m de l'arrivée, pulvérise le record du monde ; une fin de course difficile pour Carlos, devancé par Norman. Mais ce que l'on garde en mémoire, c'est l'attitude des deux Américains sur le podium où, chacun un poing levé ganté de noir, ils protestent contre la ségrégation dont sont victimes leurs frères de couleur. Il faut bien se rappeler que l'année 1968 fut une année terrible aux États-Unis, avec les assassinats de Martin Luther King et de Robert Kennedy, deux personnalités impliquées dans la cause des Noirs. Il y avait eu des révoltes sanglantes tout au long de l'été, y compris dans les différentes conventions politiques, le climat était donc propice à ce type de revendications. Tommie Smith continue encore aujourd'hui à lutter très pacifiquement pour la cause qui est la sienne, qui est celle de toute sa vie. Les deux athlètes ont été renvoyés de l'équipe américaine, exclus du village olympique, c'est tout juste si on ne leur a pas demandé de rendre leur médaille. À l'époque, le président du CIO était Avery Brundage, un Américain chantre de l'amateurisme pur et dur, qui ne supportait pas le moindre mouvement de contestation. Mais l'essentiel avait été fait, ce geste avait été immortalisé et vu dans le monde entier.

De gauche à droite, l'Australien Peter Norman (argent), les Américains Tommie Smith (or) et John Carlos (bronze) sur le podium du 200 m, stade olympique de Mexico, le 17 octobre 1968.

Bérets noirs

Quelques minutes après l'impossible exploit de Beamon en longueur, son compatriote Lee Evans remporte la médaille d'or du 400 m en devenant le premier homme à faire moins de 44 secondes (43"86).

Le 400 m venait deux jours après le 200 m. Là aussi, il y eut une sorte de démonstration politique sur le podium : les trois athlètes américains portent des bérets noirs. Mais ce n'était quand même pas aussi fort que les poings levés de Tommie Smith et John Carlos ; au moins Lee Evans, Larry James et Ronald Freeman regardaient-ils le drapeau américain. Ce fut considéré comme un peu moins revendicatif et ils purent rester au village olympique.

De gauche à droite, Larry James (argent), Lee Evans (or) et Ronald Freeman (bronze) sur le podium du 400 m, stade olympique de Mexico, le 18 octobre 1968. Contrairement à Smith et Carlos, les trois hommes ne seront pas exclus et pourront ainsi remporter avec leur camarade Vincent Matthews le relais 4 x 400 m en 2'56"16 (record du monde).

Grand Chelem, puissance 2

Son 4e sacre à Wimbledon combiné aux succès de Melbourne, Paris et Forest-Hills, permet à Rod Laver de réussir le Grand Chelem en tant que professionnel (lors du premier en 1962, l'Australien était amateur).

Rod Laver avait souffert de l'exclusion des professionnels des grands tournois de tennis. Il lui fallut donc attendre 1968 pour remporter à nouveau ce tournoi de Wimbledon, ainsi que de nombreuses autres compétitions, et 1969 pour réaliser son deuxième Grand Chelem, c'est-à-dire remporter les quatre tournois dans la même année : Australie, Roland-Garros, Wimbledon et US Open. Rod Laver est le seul à ce jour à avoir gagné deux fois le Grand Chelem. Steffi Graf l'a fait chez les filles, et Donald Budge l'avait déjà réalisé, mais avant-guerre. Rod Laver était un adepte du tennis service-volée, ce n'était pas un attentiste, c'était quelqu'un qui montait au filet et qui prenait des risques. C'est assurément l'un des plus grands joueurs de l'histoire du tennis. J'en veux pour preuve que la Melbourne Arena, où se déroule l'Open d'Australie, s'appelle la Rod Laver Arena.

Rod Laver, lors de la finale de Wimbledon, le 5 juillet 1969. Il s'impose face à son compatriote John Newcombe et signe son 4e succès dans ce tournoi (après 1961, 1962, 1968).

A Bird on the Moon

L'astronaute américain Neil Armstrong devient le premier homme à poser le pied sur le sol lunaire.

L'astronaute Edwin « Buzz » Aldrin, 2e homme à marcher sur la Lune après Neil Armstrong (1930-2012), dont on peut voir le reflet dans la visière du scaphandre, le 21 juillet 1969.

En 1961, le président John Kennedy déclare : « Nous avons comme ambition d'envoyer un homme sur la Lune et de le ramener vivant » ; ce fut fait. La Nasa y a mis tous les moyens malgré quelques accidents dont l'un, terrible, en 1967, un accident au sol impliquant une capsule Gemini ayant pris feu dans la rampe de lancement. Trois astronautes ont péri, ce qui a retardé de dix-huit mois le programme Apollo. En juillet 1969 s'élance cet équipage et la mission Apollo 11 se passe de façon magnifique. Neil Armstrong dit cette fameuse phrase quand le module lunaire se pose : *« Houston, Tranquility Base here. The Eagle has landed »* (« Houston, ici la base de la Tranquillité. L'Aigle a atterri ») ; puis il descend et s'exclame : *« It's one small step for man, one giant leap for Mankind… »* (« C'est un petit pas pour l'homme, un pas de géant pour l'humanité… »). Il y a certains événements, comme celui-ci, pour lesquels on se souvient exactement où l'on était lorsqu'on les a vécus ou appris. Le premier homme sur la lune a été suivi vers quatre heures du matin par les Européens. Une anecdote qui m'a marqué : en 1972, lors du lancement d'Apollo 17, la Nasa a invité le supposé doyen des États-Unis, Charlie Smith, soi-disant alors âgé d'environ 125 ans (il s'est avéré par la suite que cet ancien esclave était en fait plus jeune d'une trentaine d'années). Toujours est-il que Smith prononce cette phrase mémorable avec un accent du Sud à couper au couteau : *« I don't know where the bird is going, but it ain't going to the Moon ! »* (« Je sais pas où l'oiseau s'envole, mais il va pas sur la Lune ! »). Elle est moins connue que celle d'Armstrong, mais je dirais que cette phrase-là est la plus belle de toutes. Cet homme né à la fin du XIXe siècle ne pouvait pas le croire. C'est pour moi la plus belle image de cette conquête spatiale, qui est vraiment un grand exploit de l'humanité. Ce n'est peut-être pas un exploit sportif, encore que ! Ces astronautes, outre le fait qu'ils étaient particulièrement intelligents, avaient un entraînement physique très poussé… Avec un tel exploit, Neil Armstrong aurait pu être élu président des États-Unis, j'en suis intimement persuadé. Si Ronald Reagan l'a été, je pense que Neil Armstrong aurait pu le devenir s'il l'avait voulu.

Drame sur les pistes

Grand espoir de l'Équipe de France, le skieur Michel Bozon, âgé de 20 ans, trouve la mort en compétition, lors de la descente du Grand Prix de Megève.

C'est là que l'on se rend compte que le ski peut être particulièrement dangereux. Michel Bozon était le meilleur skieur français, et même l'un des meilleurs skieurs du monde, et il s'est tué à Megève dans une course sur la descente du Kandahar, avec le mur de Borné, une course qui était sur la piste noire, dont on modifiera le tracé et qui, plus tard, sera supprimée. Il existe d'autres drames épouvantables dans le ski. Cinq ans plus tard, un autre skieur français, Michel Dujon, qui était extraordinairement prometteur, s'est également tué. Puis, il y a eu notamment la skieuse autrichienne Ulrike Maier en 1994 et, bien sûr, Régine Cavagnoud en 2001. Quelles que soient les mesures de sécurité, le ski de haut niveau n'est pas sans risque. Les séances d'entraînement sont parfois même plus dangereuses.

À droite, le jeune Chamoniard Michel Bozon (1950-1970) pose en compagnie de Jean-Noël Augert (champion du monde de slalom en 1970), à gauche, et du président de la Commission sportive de la Fédération française de ski, M. Rossat-Mignod (au centre), le 30 décembre 1969.

Le « Roi » Pelé

La 9e édition de la Coupe du monde de football voit un nouveau sacre des Brésiliens. En finale, le « roi » Pelé et ses coéquipiers triomphent de l'Italie (4-1).

À 30 ans, Edson Arantes do Nascimento dit Pelé est à la tête d'une équipe brésilienne absolument exceptionnelle, avec des joueurs comme Carlos Alberto, Tostão, Gérson et d'autres. Évidemment, c'est surtout le légendaire buteur du Santos FC qui allait totalement éblouir de sa classe cette finale. Les Italiens n'ont pas existé, ils ont été battus 4 à 1. Pour moi, c'est la plus grande équipe du Brésil. Celle d'aujourd'hui est un petit peu surcotée ; on en attend beaucoup, mais finalement elle est assez moyenne. En revanche, celle de 1970 était vraiment une immense équipe. Le dernier but de Carlos Alberto, un défenseur en fait, est une image magnifique. Le dernier but, qui scelle vraiment la victoire, le 4 à 1, au stade Azteca de Mexico. Un grand moment.

Pelé célébrant son ouverture du score (18e) au grand dam de l'Italien Tarcisio Burgnich, stade Azteca de Mexico, le 21 juin 1970. Le Brésilien, après ses succès suédois en 1958 et chilien en 1962, est sur le point de devenir le seul joueur à inscrire son nom pour la 3e fois au palmarès de la prestigieuse compétition.

Le Tour bascule dans la douleur

À l'issue de la 11e étape (Grenoble-Orcières Merlette), marquée par la magnifique victoire de Luis Ocaña, le sort de la course semble jeté et la défaite de Merckx se profiler. Mais, le 12 juillet, le malheureux Espagnol est victime d'une chute dans les Pyrénées qui le contraint à l'abandon et permet au Belge de remporter un 3e Tour au goût amer.

Ce Tour de France 1971 fut certainement l'un des plus dramatiques. Eddy Merckx, qui était hyper dominateur à l'époque, a vu pour la première fois se dresser devant lui un jeune Espagnol intrépide, à savoir Luis Ocaña. Celui-ci terrasse le « Cannibale » un 8 juillet, lors d'une étape dans les Alpes qu'il remporte en solitaire à Orcières Merlette, en reléguant Merckx à près de 9 minutes ! Autant dire que le Tour est joué… Le coureur ibérique possède encore près de 7 minutes d'avance au classement général, lorsque, quatre jours plus tard, survient l'épisode tragique. Dans les Pyrénées, au cours de la descente du col de Menté, effectuée dans des conditions climatiques apocalyptiques, Ocaña est victime d'une chute dans un virage en épingle à cheveux. Image terrible : au moment où il se relève et s'apprête à repartir, arrive un deuxième groupe de coureurs, parmi lesquels le Néerlandais Joop Zoetemelk, un très bon cycliste de l'époque – il a terminé six fois deuxième du Tour de France et l'a gagné en 1980 –, qui le percute dans le thorax ! Un impact effroyable suite auquel Ocaña perd quasiment connaissance. Tout le monde se relève sauf l'Espagnol, qui ne peut se remettre en selle. Il doit abandonner le Tour et finit à l'hôpital. Merckx s'envole vers une victoire dont il ne voulait pas. D'ailleurs, ce dernier a eu l'élégance de ne pas porter le maillot jaune le lendemain. À Paris, quelques jours plus tard, naturellement, c'est tout de même lui qui allait remporter ce Tour de France.

Lors de la 14e étape (Revel-Luchon), le Tour de France échappe de manière tragique à Luis Ocaña (1945-1994). Sous l'orage, le détenteur du maillot jaune, brisé, gémit de douleur, assisté notamment par des membres de l'équipe Bic, en attendant d'être évacué, le 12 juillet 1971.

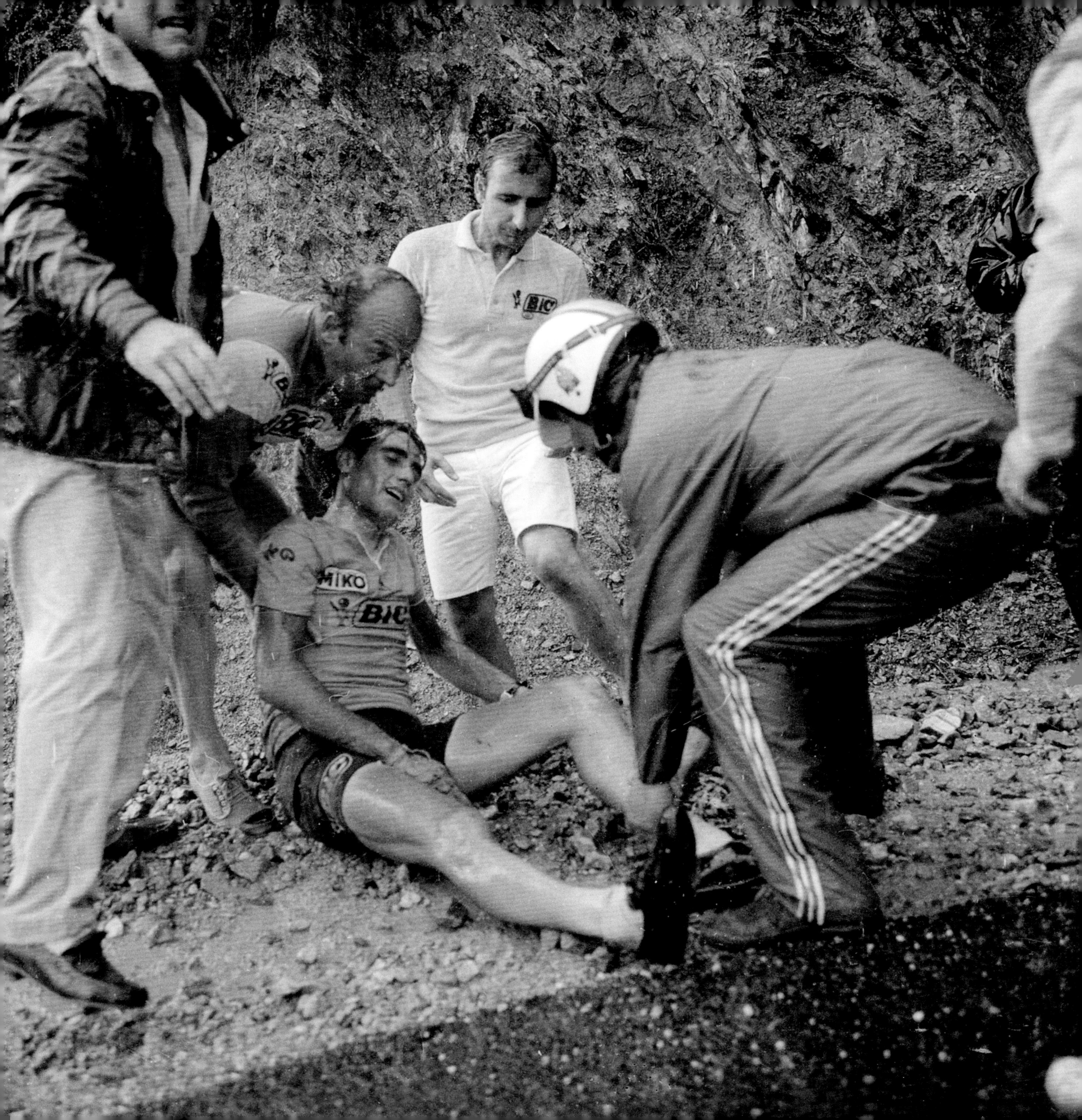
BIC
MIKO
BIC

Le Prince couronné

À Watkins Glen, François Cevert, au volant de sa Tyrrell-Ford gagne son 1er et seul Grand Prix de Formule 1. Une victoire française en F1 n'était pas arrivée depuis Maurice Trintignant en 1958.

François Cevert remporte son unique victoire au Grand Prix des États-Unis à Watkins Glen. J'ai une tendresse particulière pour ce garçon, parce que c'est un sportif qui m'a vraiment fait rêver. J'étais tout jeune, et quand on découvre tôt ce type de personnalité, on rêve encore plus. Il avait vraiment tout pour lui : un regard, une gentillesse, un charisme et un extraordinaire talent de pilote. L'ironie du sort veut que ce soit sur ce même circuit, deux ans plus tard, qu'il ait trouvé la mort, à 29 ans (voir p. 88).

La Ford Cosworth V8 n°2 de l'écurie Elf Team Tyrrell, pilotée par le Français François Cevert lors des essais du Grand Prix de Monaco, le 13 mai 1972.

Proisy « dépaysé » !

Le Français Patrick Proisy s'incline face à Andrés Gimeno en finale de Roland-Garros (6-4, 3-6, 1-6, 1-6).

Patrick Proisy était légèrement favori dans ce match, mais il ne fait jamais bon pour les Français être favoris. Je ne sais pas pourquoi, les Français semblent être, si je peux me permettre cette expression qui va faire sourire, « dépaysés » lorsqu'ils jouent à domicile. Proisy donc, dépaysé, jouant en France, se fait battre par le modeste Andrés Gimeno, son aîné, qui n'était plus exactement un jeune homme. Il faut quand même convenir qu'une immense opportunité a été perdue. Le grand vainqueur français de Roland-Garros de l'après-guerre aurait pu être Proisy et non Yannick Noah ! Je pense que, sur le coup, personne ne se rend vraiment compte de l'occasion manquée, celle d'un Français remportant les Internationaux de France. Si aujourd'hui, Jo-Wilfried Tsonga va en finale de ce tournoi et, à Dieu ne plaise, est vaincu par Rafael Nadal, on se dit : « Bon, il a été battu par plus fort que lui, il n'y a pas de regret. » Mais là, Gimeno c'était jouable pour Proisy, malheureusement, surtout pour Proisy, ce ne fut pas le cas.

Patrick Proisy effectuant un coup droit, lors de sa finale des Internationaux de France contre l'Espagnol Andrés Gimeno, le 4 juin 1972.

L'Âge d'or de la Matra-Simca

Sur le circuit de la Sarthe, l'équipage Henri Pescarolo-Graham Hill, sur Matra-Simca, triomphe aux 24 Heures du Mans.

Henri Pescarolo au volant de la Matra-Simca MS670 n°15, le 10 juin 1972. Les deux années suivantes, il gagne à nouveau la prestigieuse course avec, cette fois-ci, Gérard Larousse comme coéquipier.

Les 24 Heures du Mans de 1972 à 1974 sont marquées par l'arrivée de Matra, sous l'impulsion d'un jeune industriel, Jean-Luc Lagardère, qui allait faire confiance aux meilleurs pilotes du monde, c'est-à-dire Henri Pescarolo, Graham Hill et le regretté François Cevert, qui était, tout comme le pilote anglais, l'un des plus talentueux – que ce soit en monoplace ou en Sport-Prototypes. Finalement Henri Pescarolo, qui pouvait être considéré comme un outsider, remporte sa première victoire, associé à Hill. Il gagnera quatre fois Le Mans. Pescarolo doit beaucoup à cette course mythique : si on se souvient de lui aujourd'hui, c'est évidemment avant tout pour les 24 Heures du Mans. On peut dire qu'avec Jacky Ickx et surtout Tom Kristensen, ce sont les trois « Messieurs Le Mans ». Je me suis rendu à plusieurs reprises sur ce circuit, notamment pour voir courir François Cevert, mon idole de jeunesse.

Les 7 Merveilles de Spitz

Mark Spitz remporte les 7 courses (200 m papillon, 4 x 100 m, 200 m, 100 m papillon, 4 x 200 m, 100 m et 4 x 100 m quatre nages) dans lesquelles il était engagé. 7 médailles d'or pour l'Américain, mais aussi 7 records du monde…

Le champion à l'entraînement pour les JO de Munich, 1972. Avec les 2 médailles d'or, la médaille d'argent et la médaille de bronze déjà acquises à Mexico, sa carrière totalise 9 titres olympiques pour 11 podiums ! Ayant pris sa retraite sportive un an avant leur première édition en 1973, Mark Spitz n'a jamais participé aux Championnats du monde.

Sept… Sept médailles d'or aux jeux Olympiques de Munich, marqués par la tragédie que l'on sait – la prise d'otages et l'assassinat des membres de l'équipe olympique d'Israël par l'organisation palestinienne Septembre noir. Mark Spitz avait un peu à se racheter des JO de Mexico de 1968 où il avait raflé quelques médailles, mais essentiellement dans les relais. Il en voulait plus, et là il a gagné à la fois les individuels et les relais. Quel que soit le talent de Michael Phelps qui bat le record de Spitz avec huit médailles d'or aux JO de Pékin, sept médailles d'or dans les mêmes jeux Olympiques, surtout à l'époque, c'est une prouesse. Qui plus est, lorsque chacune se double d'un record du monde ! Spitz en tout cas fut un précurseur, un grand bonhomme.

Un vrai micmac !

Coup de tonnerre sur Munich ! L'URSS bat d'un point les États-Unis en finale du tournoi olympique de basket (51-50). Les Américains étaient invaincus depuis l'intronisation du basket aux JO de 1936.

Voilà un renversement de situation absolument incroyable ! L'arbitre annonce la fin du match sur le score de 49-50 pour les États-Unis, puis se ravise en accordant à l'URSS un temps-mort réclamé plus tôt et donc du temps de jeu. Les Russes ne parviennent pas à scorer. Mais le chronomètre ayant été mal réglé, 3 secondes supplémentaires sont à nouveau accordées aux Soviétiques qui parviennent à marquer un panier ! Fin du match, contestation du côté des USA. Enfin bref, un vrai micmac ! Les Russes marquent à la dernière seconde et ça a été extrêmement difficile à digérer pour les Américains qui ont refusé de venir chercher leur médaille d'argent sur le podium. À l'époque, en pleine Guerre froide, un match URSS-USA était davantage qu'une simple rencontre sportive. Les Américains allaient prendre leur revanche en 1980 en hockey sur glace.

L'Américain Dwight Jones (n°9) au duel avec le Soviétique Alexander Belov (1951-1978), lors de la très controversée finale olympique de basket, Rudi-Sedlmayer-Halle de Munich, le 10 septembre 1972. C'est ce même Belov qui sera l'auteur du panier décisif lors des litigieuses dernières secondes de jeu.

Ocaña victorieux

Luis Ocaña (1945-1994) et son compatriote José Manuel Fuente (1945-1996), qui est aussi l'un de ses principaux adversaires lors de cette édition du Tour de France, en juillet 1973.

Belle revanche pour le coureur espagnol ! Vainqueur de 6 étapes, Luis Ocaña remporte la Grande Boucle avec un quart d'heure d'avance sur le 2e.

C'est une page très importante dans la mémoire du cyclisme. Deux ans après être passé à côté de la victoire à cause de la terrible chute que l'on sait (voir p. 80), Luis Ocaña gagne enfin le Tour de France. Cette victoire de 1973, devant Bernard Thévenet, avec, me semble-t-il, l'un des plus grands écarts jamais enregistrés entre le premier et le deuxième, constitue une véritable rédemption pour l'Espagnol. C'est l'un des garçons les plus attachants qu'il m'ait été donné de rencontrer. Après sa carrière, Luis s'était ensuite reconverti dans le commerce de l'armagnac. Il était tellement gentil et généreux avec tout le monde, mais il n'était pas fait pour les affaires ! À cause de problèmes personnels et professionnels, il a choisi de mettre fin à ses jours en 1994. C'est un garçon auquel je pense très souvent, qui était adorable et d'une rare générosité. Je me rappelle cette magnifique phrase d'Antoine Blondin au sujet de Luis Ocaña : « C'était un géant, c'était un seigneur, et c'était le soleil ! ». Effectivement, le soleil s'est couché sur de nombreux suiveurs du Tour de France, et je ne suis pas sûr qu'il se soit levé depuis.

Un destin interrompu

À 29 ans, le pilote français François Cevert se tue sur le circuit de Watkins Glen, lors des essais qualificatifs du Grand Prix de Formule 1 des États-Unis.

Cet accident est pour moi l'un des plus grands drames du sport français de l'après-guerre parce que François Cevert avait vraiment tout. Non seulement, il possédait la grâce et le charme, mais il avait aussi ce qu'ont peu de sportifs, à savoir un charisme à la fois sur la piste et dans la vie. Un mois avant sa mort, il avait participé à une émission de Michel Drucker où il avait joué du Beethoven au piano. Il était beau comme un dieu, les femmes étaient folles de lui... C'était un garçon gentil, quelqu'un de généreux et de fidèle. De surcroît, il respectait scrupuleusement les consignes de course. Sur la dernière année de sa carrière et donc, hélas, de sa vie, il était clairement établi qu'il allait plus vite que son coéquipier Jackie Stewart – l'Écossais le disait lui-même. Pourtant, François ne le dépassait pas, ne le doublait pas, il est arrivé ainsi dix fois à la deuxième place et n'a qu'une seule victoire à son palmarès. Aujourd'hui plus personne ne ferait ça ! Il excellait également en Sport-Prototypes, parce qu'à l'époque les coureurs de monoplace évoluaient dans cette catégorie, et avec quel talent ! Il venait au Mans sans préparation particulière. En 1972, il avait fini deuxième des 24 Heures, et signé la pole position presque tout de suite. Il avait une conduite sûre, très coulée. Je suis persuadé que Cevert serait devenu le premier champion du monde français dès 1974. Il était courtisé par toutes les équipes – notamment par Ferrari –, il était courtisé par les femmes, il était courtisé par les sponsors... Peut-être y a-t-il là une sorte de destin tel qu'on en parle dans l'Antiquité chez les Grecs, où ceux qui ont trop doivent, à un moment donné, le payer ? Et peut-être que ce fut le cas de François ? Non, cet accident mortel n'aurait jamais dû se produire.

François Cevert (1944-1973) le jour de sa mort, avant la séance des essais, le 6 octobre 1973. Bouleversé par l'accident de son jeune coéquipier chez Tyrell, Jackie Stewart ne prend pas le départ de son 100e Grand Prix.

CEVE

La Volonté de gagner

Björn Borg, à peine âgé de 18 ans, devient le plus jeune vainqueur de Roland-Garros. Mené 2 sets à 0, il renverse la vapeur et bat l'Espagnol Manuel Orantes sur le score de 2-6, 6-7, 6-0, 6-1, 6-1.

C'était fou, Björn Borg n'avait que 18 ans ! Là, on le voit avec ses traits juvéniles. Il se trouve que j'ai assisté à cette finale, c'était la première fois que j'allais à Roland-Garros. Tout le monde se souvient de ce jeune Suédois qui n'avait pas encore son bandeau à l'époque. Si j'ai bonne mémoire, il avait perdu les deux premiers sets, et il avait réussi à renverser la vapeur et gagner en cinq sets, ce qui est tout à fait incroyable. Ça a été un moment très fort. Il allait établir une domination pendant de nombreuses années. On l'avait vu venir, parce qu'il était passé professionnel à l'âge de 15 ans. Son coach, Lennart Bergelin, était un peu comme son père spirituel, son mentor. Borg était un garçon extrêmement ambitieux, certainement l'un des garçons les plus ambitieux que j'ai jamais rencontrés. Jamais il ne se considérait battu. Il a perdu des matches bien sûr, mais j'ai rarement vu quelqu'un avec une telle volonté de gagner.

Le Suédois, lors de son premier match du tournoi, qui l'oppose au Français Jean-François Caujolle, le 6 juin 1974. Un match qu'il gagne 4-6, 6-0, 6-4 (les deux premiers tours se jouaient encore en deux sets gagnants).

Défaite des chanteurs de rock

Après l'Euro 1972, la Mannschaft remporte « sa » Coupe du monde, organisée à domicile. Comme en 1954 face à la Hongrie, elle le fait aux dépens d'une équipe réputée pour son beau jeu, la Hollande de Cruijff (2-1).

Alors là, cette défaite a été vécue comme un drame par beaucoup, parce que tous ceux qui aimaient le beau jeu étaient évidemment à 100 % pour les Pays-Bas. Les Néerlandais ouvrent le score à la première minute, sans doute trop tôt, puis les Allemands commencent à tisser leur toile et, sur un penalty plus un but un peu de raccroc, mènent 2 à 1 à la mi-temps. Ils finissent par remporter le match sur ce score. C'est comme ça, quelquefois, les dieux du sport ne sont pas toujours avec les meilleurs, puisque l'équipe des Pays-Bas était vraiment la plus performante du monde à l'époque. Malheureusement, ça n'a pas souri à Johan Cruijff et aux autres joueurs bataves, qui avaient les cheveux longs, on les prenait d'ailleurs un peu pour des chanteurs de rock. Tout le monde les aimait.

L'exemplaire capitaine allemand, Franz Beckenbauer, à la lutte avec Johan Neeskens, le milieu des Oranje, stade olympique de Munich, le 7 juillet 1974. Vainqueur de la compétition en 1990 comme sélectionneur de l'Allemagne, le « Kaiser » (« l'empereur ») est le seul footballeur, avec le Brésilien Mário Zagallo, à l'avoir gagnée à la fois en tant que joueur et en tant qu'entraîneur.

Est / Ouest

Entre 1975 et 1988, les duels épiques opposant Chris Evert à Martina Navratilova ont dominé et rythmé le circuit international. Deux championnes, deux rivales et deux amies ont révolutionné le tennis féminin.

À Flushing Meadows, les inséparables Chris Evert-Lloyd (à gauche) et Martina Navratilova (à droite) posant avant leur finale de l'US Open, le 8 septembre 1984. C'est la 4e finale majeure de l'année entre les deux femmes – elles étaient finalistes aux Masters, à Roland-Garros et à Wimbledon ! – et… la 4e victoire de Navratilova, qui conserve son titre en 3 sets (4-6, 6-4, 6-4).

Martina Navratilova était la joueuse offensive qui montait au filet. Chris Evert, plus défensive, restait au fond du court. Question image, celle d'Evert était naturellement beaucoup plus favorable. C'était un peu l'« America's Sweetheart », tandis que Navratilova était perçue à l'époque comme l'immigrée tchèque, devenue américaine, qui était là pour profiter de tous les avantages de l'Ouest. Un petit peu la gentille contre la méchante. Ce que je peux dire, les ayant approchées toutes les deux – davantage Navratilova qu'Evert d'ailleurs puisqu'elle a eu une carrière beaucoup plus longue –, c'est que l'image n'était pas nécessairement conforme à la réalité. Il arrivait à Evert d'être un petit peu manipulatrice, alors que Navratilova était davantage « brute de fonderie », mais plus sincère. Si je devais choisir entre elles, d'abord pour son jeu, c'est incontestable, j'élirais Navratilova qui prenait tous les risques, et pour le caractère, ma préférence irait aussi à Navratilova. En 1987, celle-ci m'a valu une de mes premières interviews à la télévision, où elle s'était livrée comme jamais, alors que je venais de démarrer. Donc, Navratilova a toujours été pour moi une sorte de porte-bonheur.

Match à rebondissements

En finale de Wimbledon, victoire surprise d'Arthur Ashe qui s'impose en 4 sets (6-1, 6-1, 5-7, 6-4) face au favori et tenant du titre, Jimmy Connors.

Voilà un inoubliable moment puisque Jimmy Connors était vraiment le meilleur joueur du monde, ambitieux, attrape-tout, quasi imbattable sur gazon. Il avait écrasé le tournoi en 1974 en administrant une correction à Ken Rosewall en finale. On pensait qu'Arthur Ashe, quel que soit son talent, serait mangé tout cru par Connors, mais il a laissé passer l'orage, il a joué avec une intelligence absolument fantastique, et il a fini par remporter le match. Tout le public de Wimbledon soutenait Ashe parce que « Jimbo » avait un peu ce côté *« brat »,* mal élevé, alors que son adversaire paraissait au contraire très posé, très *gentleman*. Les Anglais étaient évidemment très sensibles à ce genre d'attitude. Le match a été à rebondissements parce que Connors avait remporté le troisième set, et que là on pouvait se dire : « C'est fini, après avoir perdu les deux premiers sets, Connors renverse la vapeur en s'adjugeant le troisième et va donc finir par s'imposer. » Justement non, Ashe a réussi à gagner en quatre sets ; ce fut un moment intense.

Après l'US Open en 1968 et l'Open d'Australie en 1970, Arthur Ashe (1943-1993) se retrouve, à 32 ans, avec un 3e tournoi du Grand Chelem à son actif.

Le Plus Petit Score

La brillante AS Saint-Étienne se casse les dents sur l'impitoyable réalisme des Allemands du Bayern Munich en finale de la Coupe d'Europe des clubs champions : 1-0 pour les Bavarois.

Grand drame du sport français puisque, effectivement, sans aucun chauvinisme, l'AS Saint-Étienne aurait dû remporter cette finale. Il y a simplement des jours où la réussite n'est pas du côté que l'on pense. Les Stéphanois ont tiré deux fois sur les montants. Ah ! Cette fameuse histoire des poteaux carrés du vieux stade d'Hampden Park... Sur pratiquement sa seule action, un coup franc anodin, le Bayern Munich, à cause du mur mal placé, marque et obtient le plus petit score, mais ça suffit pour remporter un match. Je sais que certaines personnes à Saint-Étienne ont eu énormément de mal à s'en remettre, et même encore aujourd'hui, puisque ce genre d'occasion évidemment ne se représente pas. C'est ainsi, il n'y a pas grand-chose à ajouter. Les Français ont souvent été, comment dire, de « jolis vaincus ». Les Verts auraient vraiment dû gagner ce match.

L'un des tournants du match, survenu peu avant la mi-temps, sur un centre de Christian Sarramagna : la puissante tête du Stéphanois Jacques Santini trompe le goal Sepp Maier, mais, comme la frappe de Dominique Bathenay quelques minutes auparavant, elle s'écrase sur la transversale carrée, à Glasgow, le 12 mai 1976.

Guy Drut, jusqu'au bout du rêve

Pour la première fois, un Européen gagne le 110 m haies des jeux Olympiques, et il est Français !
Guy Drut s'adjuge le titre de Montréal de justesse.

Guy Drut, un destin, celui du gars du Nord qui se bat avec ses moyens et qui concrétise son rêve. C'est assez rare chez les sportifs français de réaliser un rêve, celui de devenir champion. Guy Drut l'a réussi : il est champion olympique à Montréal, en 1976, devant le Cubain Alejandro Casañas, grand favori. Un petit peu à l'image d'un Jean Vuarnet, Guy Drut n'a jamais réussi à se rendre populaire auprès du grand public. Ce n'est pas être critique que de le dire, c'est simplement la vérité, il a d'ailleurs certainement dû beaucoup en souffrir. Il est devenu ministre, il a effectué une belle carrière mais sans être particulièrement apprécié. Je ne sais pas pourquoi, c'est comme ça.

En tête sur les dernières séries de haies, Guy Drut (au milieu) résiste au retour de ses adversaires, conservant une avance si infime qu'il faudra attendre la photo-finish pour être fixé, stade olympique de Montréal, le 28 juillet 1976. Médaillé d'argent à Munich (1972), champion d'Europe deux ans plus tard, il franchit ici encore un nouveau palier.

Le « Show Comăneci »

En obtenant sept fois la note parfaite de 10 en six jours, Nadia Comăneci décroche 3 médailles d'or (concours général, barres asymétriques et poutre), 1 médaille d'argent au classement par équipes et 1 médaille de bronze aux exercices au sol, accédant ainsi à 5 podiums sur 6 possibles.

Nadia Comăneci, une gamine de 14 ans, a remporté à Montréal la moitié des concours olympiques auxquels elle a participé. Certainement la plus grande gymnaste de tous les temps, en tout cas la plus connue, puisque la gymnastique n'est pas le sport le plus médiatique qui soit, mais elle, tout le monde sait qui elle est. En 1976, nous étions en pleine Guerre froide, Comăneci était une Roumaine vivant derrière le rideau de fer, mais elle avait une attitude dans sa manière d'être, j'allais dire dans sa manière de danser, de s'exprimer au sol et sur les agrès, très occidentale, très charismatique. Elle a parfaitement su faire fructifier ses succès, en devenant plus tard citoyenne américaine, tout comme Béla Károlyi son entraîneur. Elle était quasi invincible, et effectivement la note parfaite de 10 aux barres asymétriques était tout à fait justifiée.

La jeune virtuose roumaine Nadia Comăneci en plein vol, à la sortie d'une prestation aux barres asymétriques qui va lui valoir la note absolue de 10, Montréal, le 18 juillet 1976. Du jamais-vu ! Et une perfection si inédite aux JO que les panneaux de notation, inadaptés, doivent afficher 1.00 !

De l'or en barres, mais aussi à la poutre où la technique, la souplesse et la grâce de la petite Nadia éblouissent le monde entier. La « Petite Princesse de Montréal » restera la plus jeune championne olympique de tous les temps, puisqu'aujourd'hui il faut avoir au moins 16 ans pour pouvoir espérer participer aux Jeux.

Quadruple Champion olympique

Comme à Munich quatre ans plus tôt, Lasse Virén accomplit l'incroyable doublé 5 000 m-10 000 m. Un double doublé pour le Finlandais ! Qui dit mieux ?

L'un des plus fameux champions de l'athlétisme. Quand on sait la difficulté et le caractère exceptionnel qu'il y a à conserver un titre, ne serait-ce que sur une épreuve, d'une édition à l'autre… Alors, garder deux titres, a fortiori sur ces distances-là, c'est tout à fait stupéfiant ! Lasse Virén avait, de plus, cette capacité de remarquablement bien se préparer pour les grands rendez-vous. Et quels plus grands rendez-vous que les JO ? Un moment fantastique d'autant qu'il se faisait discret durant l'olympiade, et puis il resurgissait pour l'événement ! Je sais qu'il y eut des controverses, des polémiques, qu'on insinuait qu'il était impossible de ne rien faire pendant quatre ans et d'arriver comme ça, hyper performant, aux Jeux. Mais tant qu'il n'y a pas de preuves… À ce titre, il est toujours quadruple champion olympique. Sur ces deux distances-là, seul Mo Farah lui tient la dragée haute.

Quatre jours après celle du 10 000 m, Lasse Virén (dossard 301) s'octroie aussi la victoire sur le 5 000 m en 13'24"76, stade olympique de Montréal, le 30 juillet 1976. Il devance le Néo-Zélandais Dick Quax (dossard 691) et l'Allemand de l'Ouest Klaus-Peter Hildenbrand (à droite) qui se jette sur la ligne d'arrivée.

Sous les 50 secondes

À Montréal, Jim Montgomery, quintuple champion du monde en 1973, remporte l'or olympique du 100 m nage libre en devenant le 1er nageur à descendre sous la barre des 50 secondes (49''99).

Les 50 secondes sur 100 m nage libre, c'est comme les 10 secondes en sprint : des frontières mythiques qui marquent l'histoire quand elles sont franchies. À l'époque, les Américains souffraient de la suprématie des nageurs, et surtout nageuses, venus d'Europe de l'Est, Russie et autres pays amis. Il y a eu deux JO marqués par l'extraordinaire domination des athlètes de l'Est, notamment allemands de l'Est : 1972 et 1976. Parce que, maintenant nous le savons, ils utilisaient des produits. Et voir que, dans ces circonstances, un Américain bat justement les Allemands de l'Est, les Russes etc., et a fortiori passe sous les 50 secondes, en finale olympique, c'est tout simplement historique ! Aujourd'hui, le record est de 46''91, mais Montgomery restera à tout jamais le premier. Et voir qu'on pouvait gagner sans dopage, sans aide extérieure, sans intervention considérable de l'État comme c'était le cas pour les nageurs d'Europe de l'Est, c'était un moment de sport remarquable.

L'Américain Jim Montgomery peut se détendre, ce 25 juillet 1976 : il est champion olympique du 100 m nage libre et le 1er homme de l'histoire sous les 50 secondes. Outre ce titre olympique individuel, il remporte 2 médailles d'or en relais (4 x 200 m nage libre et 4 x 100 m 4 nages), avec encore 2 records du monde à la clé.

Niki Lauda le miraculé

Un an jour pour jour après son terrible accident au Grand Prix d'Allemagne qui a failli lui coûter la vie, le pilote autrichien effectue un retour gagnant à Hockenheim. Il gagne cette année-là son second titre de champion du monde de Formule 1.

1976 : terrible accident de Niki Lauda sur le Nürburgring. Dans les années 1970, la F1 était un sport beaucoup plus dangereux qu'aujourd'hui (Jochen Rindt meurt en 1970 et François Cevert en 1973). Dans ces conditions, le retour victorieux de Niki Lauda dans le même Grand Prix, un an après l'accident qui l'avait laissé pour mort, fut un événement qui a incontestablement marqué le sport automobile. Niki Lauda, ressuscité des circuits et de la vie, a ensuite réalisé ce que beaucoup de sportifs ont toujours du mal à faire, c'est-à-dire une reconversion réussie : il a troqué le volant pour le manche en créant et en dirigeant un temps sa propre compagnie aérienne. Il est devenu, et je pense qu'il l'est encore à ce jour, l'Autrichien le plus connu au monde, un véritable ambassadeur de son pays. Son accident l'a considérablement changé, lui qui était d'ordinaire si froid. Ses cicatrices et son visage à moitié brûlé l'ont paradoxalement humanisé. C'est un garçon qui force l'admiration.

Une immense couronne de laurier pour le pilote Ferrari Niki Lauda, vainqueur du Grand Prix d'Allemagne et leader du Championnat du monde, Hockenheim, le 31 juillet 1977.

Renault en Sport-Prototypes

Au volant de leur Renault Alpine 442, les pilotes français Jean-Pierre Jaussaud et Didier Pironi s'imposent aux 24 Heures du Mans.

C'est la concrétisation des espoirs de Renault en Sport-Prototypes, et puis c'est une consécration humaine qui prouve que les jeunes peuvent parfaitement se mélanger aux moins jeunes. Jean-Pierre Jaussaud était un pilote d'expérience, Didier Pironi, à l'époque, était au contraire un jeune homme, un peu chien fou, mais d'un talent exceptionnel et, surtout, possédant une personnalité dans la vie totalement opposée aux qualités qu'il avait au volant. Sur la route, sur un circuit surtout, parce que c'était souvent un pilote de monoplace, il était vraiment fonceur, alors que, dans la vie, il était doux, gentil, à l'écoute. C'est un garçon que j'ai profondément aimé et je pense que, si Cevert avait pu être le premier champion du monde français de F1, Pironi aurait pu être le deuxième. La fatalité a voulu que ni l'un ni l'autre ne l'ait été et qu'Alain Prost fût le premier Français à décrocher ce titre. Didier Pironi périt prématurément, en course, non pas en voiture mais aux commandes de son offshore *Le Colibri,* au large de l'île de Wight.

Victoire historique dans la Sarthe pour le sport automobile français : la Renault Alpine A 442B, pilotée par Jean-Pierre Jaussaud et Didier Pironi (1952-1987) qui se relaient sous la bulle de plexiglas du prototype, couvre 5 033,16 km à une vitesse moyenne de 209,715 km/h.

Où es-tu Manureva ?

Alain Colas, 35 ans, disparaît en mer lors de la 1re Route du Rhum, remportée par Mike Birch avec seulement 98 secondes d'avance sur Michel Malinowski.

Disparu en mer sur le *Manureva*. Ça fait partie des sombres légendes de la voile qui, à l'instar des sports automobiles, est un sport où il y a un risque, et le pire risque évidemment, c'est celui-là, tomber à la mer. Parce que tomber à la mer... en solitaire c'est fini naturellement, mais même en double, c'est quasiment la fin. Même avec un équipage, un homme à la mer est difficile à récupérer. Alain Colas a inspiré une très émouvante chanson à Alain Chamfort, intitulée *Manureva*, comme son bateau. Je pense qu'à l'image d'Éric Tabarly, c'était certainement l'un des plus grands navigateurs français, peut-être même le deuxième derrière Éric Tabarly. Malheureusement, ils ont connu le même sort. Le fait qu'il ait disparu en mer et que l'on n'ait rien retrouvé ajoute à cette noire légende. Mais on se souvient de lui encore aujourd'hui.

Portrait d'Alain Colas (1943-1978). Pris dans une tempête au large des Açores, il émet un dernier message radio à 4 h du matin, le 16 novembre 1978 avant de disparaître avec son bateau : « Je suis dans l'œil du cyclone. Il n'y a plus de ciel, tout est amalgame d'éléments, il y a des montagnes d'eau autour de moi... »

Severiano le Grand

Après avoir enlevé le British Open l'année précédente, le flamboyant Severiano Ballesteros gagne son 1er Masters d'Augusta et son 2e Majeur.

Il faut se remémorer l'exploit de ce jeune champion espagnol âgé de 23 ans qui s'empare du plus grand tournoi du monde avec un style de jeu qu'on avait rarement vu jusque-là. Il attaquait tout le temps ! Le public américain, qui souhaitait avant tout la victoire des siens, s'était pris d'affection et d'amour pour ce risque-tout. S'il voyait un arbre devant lui, il cherchait un espace entre deux branches. Ce n'est pas le cas de la plupart des joueurs de golf, notamment Tiger Woods dont le jeu est défensif. Severiano Ballesteros, lui, développait un jeu offensif. Il a mis le golf européen sur la carte. Auparavant il n'y avait que les Américains et, un peu, les Australiens. Chapeau à Severiano, qui nous a quittés prématurément. C'est vraiment une des injustices de la vie, car il avait un mode de vie extrêmement sain. Il avait commencé comme simple caddie au Golf Club de Santander, et n'avait alors même pas le droit d'entrer au club-house ! C'était un moment en Espagne où le golf était encore assez élitiste et, lui, il en a ouvert les portes de manière fracassante. Issu d'un milieu très modeste, il ne doit qu'à lui-même sa réussite, et j'ai beaucoup d'estime pour ces gens-là. Pour ceux qui n'ont jamais entendu parler de golf, il y a deux noms malgré tout connus : Ballesteros et Woods.

Severiano Ballesteros (1957-2011) devient le plus jeune vainqueur du tournoi Augusta, le 13 avril 1980. Record battu par Tiger Woods en 1997 à l'âge de 21 ans et 3 mois, puis en 2015 par le Texan Jordan Spieth à 21 ans et 8 mois. Severiano Ballesteros remportera de nouveau le tournoi en 1983 ainsi que l'Open britannique (1984, 1988). Élu meilleur golfeur européen de l'histoire, son fabuleux palmarès comptera 91 victoires en professionnel dont 5 Majeurs. Son nom est aussi associé pour toujours à la Ryder Cup qu'il remportera à 5 reprises (1985, 1987, 1989, 1995, 1997), la dernière en tant que capitaine.

L'Invraisemblable Tie-break

Finale légendaire de Wimbledon entre John McEnroe et Björn Borg qui voit la 5e victoire consécutive du Suédois dans ce tournoi ! Quelques mois plus tard, le gaucher américain de 21 ans prend sa revanche en remportant Flushing Meadows aux dépens du même Borg, puis en le battant dans la 2e finale consécutive de Wimbledon opposant les deux hommes.

L'un des plus impressionnants matches de l'histoire du tennis, assurément. Avec un tie-break absolument homérique au quatrième set, remporté par John McEnroe sur le score de 18 points à 16. McEnroe qui, au passage, sauve cinq balles de match. Finalement, après de nombreuses balles d'égalisation, le score est de 2 sets partout. À ce moment-là, tout le monde est persuadé que Björn Borg va s'écrouler. Non seulement il ne

Borg-McEnroe, acte I, Londres, le 5 juillet 1980. Ci-dessous, l'iceberg Borg peut exploser et mettre de côté son flegme légendaire pour célébrer son statut de quintuple vainqueur à Wimbledon. À droite, l'Américain, terrassé, a donné le meilleur de lui-même dans ce match devenu culte : 1-6, 7-5, 6-3, 6-7 (tie-break 18-16 pour McEnroe), 8-6.

s'écroule pas, mais il gagne 8-6 le cinquième en concédant 2 ou 3 points sur son service, ce qui est absolument invraisemblable. On abuse parfois des superlatifs, mais là, il s'agit de l'un des plus grands matches de l'histoire. Quand on regarde les matches de cette époque, il est vrai que les échanges sont moins rapides qu'aujourd'hui. Mais je pense que ce match-là a véritablement lancé la carrière de John McEnroe, même si c'est une défaite. En tout cas, c'est ce qui lui a permis de remporter deux mois après la finale de Flushing Meadows, c'est-à-dire de l'US Open, contre ce même Borg, également en 5 sets. Borg gagnait toujours en 5 sets, mais là c'est une des premières fois que McEnroe l'emportait contre Borg, sur le score de 6-4 dans la cinquième manche. Ces deux matches-là, je pense, constituent l'essence du duel Borg-McEnroe conclu en juillet 1981, toujours à Wimbledon, cette fois par une victoire de McEnroe en 4 sets devant Borg. La finale de Wimbledon en 1981 a incontestablement marqué le début du déclin de Borg, et a certainement joué sur le fait qu'il ait arrêté le tennis prématurément, à l'âge de 26 ans, un an après. Il sentait que McEnroe, plus jeune, prenait un ascendant sur lui, et Borg ne pouvait pas l'accepter. Je pense qu'on a là un triptyque Borg-McEnroe historique : la finale de Wimbledon en 1980, la finale de Flushing Meadows en 1980 et la finale de Wimbledon en 1981.

Borg-McEnroe, acte II, New York, le 7 septembre 1980. John McEnroe lève les bras de joie. Il vient de rendre la monnaie de sa pièce au Suédois en le battant à Flushing Meadows. Borg perd là sa 3e finale à l'US Open (7-6, 6-1, 6-7, 5-7, 6-4), un tournoi qui lui échappera toujours puisqu'il y est défait une 4e et dernière fois en 1981, par… McEnroe.

Borg-McEnroe, acte III, le 4 juillet 1981. Le Suédois, qui se prépare ici à frapper un revers à deux mains, voit cette seconde finale de Wimbledon entre les deux hommes tourner cette fois-ci à l'avantage de John McEnroe (4-6, 7-6, 7-6, 6-4). Le début du déclin pour Borg ?

La Course d'un jour

À l'issue d'une course très maîtrisée par l'équipe de France, Bernard Hinault devient, avec brio, champion du monde sur route. « Le Blaireau » peut enfin enfiler le maillot arc-en-ciel dont il rêvait tant.

Sallanches, Savoie. Tous les superlatifs ont été employés pour Bernard Hinault. Hinault avait l'intention d'être au moins une fois champion du monde. Quand on connaît les spécificités d'une course d'un jour, c'est très difficile de l'être à plusieurs reprises. Et si cela devait arriver une fois, il souhaitait absolument que ce soit en France. Et effectivement, il avait noté cette date dans son agenda, même plusieurs années auparavant. Il avait 26 ans, il était au sommet de sa forme et au sommet de sa carrière. En dehors de ses cinq victoires au Tour de France, celle-ci est son plus beau triomphe. Grâce à ce titre, Hinault a prouvé qu'il pouvait être à la fois le gagnant de courses à étapes et celui d'une course d'un jour. Il a toujours été critiqué, mais en attendant il existait bel et bien.

Championnats du monde sur route, Sallanches, le 30 août 1980. Malgré la résistance de la formation italienne, le Breton fait taire les critiques dont il faisait l'objet depuis quelque temps, en passant la ligne d'arrivée devant Gianbattista Baronchelli. Il est le 6e Français à remporter le titre et met fin à 18 ans de disette pour le cyclisme tricolore après la victoire de Jean Stablinski en 1962.

La Der des ders

À Roland-Garros, Björn Borg livre une magnifique performance dans la finale qui l'oppose à Ivan Lendl (6-1, 4-6, 6-2, 3-6, 6-1), enlevant ainsi son 6e titre sur ce tournoi.

Sixième et dernière victoire de Björn Borg contre le jeune Ivan Lendl qui avait dit, après sa demi-finale, qu'il ne se laisserait pas faire par un Borg imbattable, qu'il ferait de son mieux. Ça a failli marcher puisque Borg gagne en 5 sets, et on a commencé à voir comme un petit défaut dans la cuirasse apparemment indestructible de Borg. Lendl a bien mérité de gagner Roland-Garros les années suivantes, même si tout le monde a regretté que la première fois, en 1984, ce soit aux dépens de John McEnroe.

Ivan Lendl (à droite), finaliste vaincu par Borg (à gauche), en train de s'adresser au public lors de la cérémonie de remise des trophées, Roland-Garros, le 7 juin 1981. Le Tchécoslovaque remportera le tournoi à trois reprises (1984, 1986 et 1987).

Perdants magnifiques

Suspense insoutenable, multiples rebondissements, première séance de tirs au but de l'histoire de la Coupe du monde... Le stade Sánchez-Pizjuán de Séville a été le théâtre d'un match de légende : la fabuleuse et dramatique demi-finale de la Coupe du monde France-RFA (3-3, 4 tirs au but à 5). Injuste mais grandiose !

Tout a été dit sur ce match. C'était le jour de l'Allemagne, pas celui de la France. Quand on mène 3 buts à 1 en prolongation d'une demi-finale du mondial, il y a peut-être d'autres moyens que de continuer à attaquer, de jouer à la française, de pratiquer ce football romantique si je puis dire. Mais d'un autre côté, est-ce qu'on se souviendrait autant de ce match si la France l'avait gagné ? Je n'en suis pas sûr. La France aurait probablement été battue en finale par l'Italie, c'est en tout cas ce que m'a dit Michel Hidalgo, l'entraîneur des Bleus de l'époque. Quelquefois peut-être vaut-il mieux perdre que gagner. Quelquefois ! « Perdants magnifiques », c'est une formule à laquelle je souscris. Était-ce un signe du destin quand Didier Six a raté son tir au but qui, parce que l'Allemagne en avait déjà raté un, aurait dû donner un avantage quasi décisif à la France ? Eh bien, ce tir français, personne ne l'a vu parce que le réalisateur s'attardait sur les larmes du joueur allemand, Uli Stielike, qui venait de rater le sien. Six rate après cela. C'est rarissime, mais il n'y a aucune image – à l'époque il n'y avait pas les portables, on ne pouvait pas filmer. Si Didier Six avait marqué, la France menait 4 buts à 2 et il restait deux tirs. Maxime Bossis tirait en dernier et a raté... Vient le dernier tireur allemand, Hrubesch, qui marque et donne ainsi la victoire à son équipe. Cette image manquante de Six, c'est réellement un souvenir vivace. Quant à l'agression du gardien allemand Harald Schumacher sur Patrick Battiston, elle ajouta au sentiment d'injustice de cette triste soirée...

Alain Giresse (à gauche) célébrant son but marqué sur un service en retrait de Didier Six (à droite). Cinq minutes après celui de Marius Trésor, « Gigi » permet ainsi à la France de mener 3-1 à 20 minutes de la fin de la partie. Une joie de courte durée...

Le Petit Prince

Sacré champion d'Europe deux mois avant – pour la 5e fois déjà ! –, Patrice Martin bat le record du monde de figures avec 9 290 points.

On l'appelait le Petit Prince, il était tout jeune, il avait 14 ans quand il est devenu champion du monde pour la première fois en 1979. Il faisait tous les plateaux de télévision, un petit gars de 14 ans, blond, très beau. Il s'agit de l'un des sportifs français les plus titrés toutes disciplines confondues. Il doit avoir plus de cinquante titres internationaux... Il s'est battu pendant des années pour que le ski nautique devienne olympique, il avait déjà quitté la compétition, mais il estimait devoir cela à son sport. Ça n'a jamais été le cas pour l'obscure raison qu'il y a un moteur et qu'on ne peut pas dépendre d'une propulsion mécanique dans un sport olympique. Je pense que Patrice aurait été champion olympique à plus d'une reprise parce qu'il était imbattable. Un super type ! Il avait 10 ou 12 ans quand il a commencé, il a une carrière de près de vingt-cinq ans ! J'ai beaucoup de sympathie et d'admiration pour Patrice Martin. Un vrai coup de cœur !

Le jeune Patrice Martin en action, lorsqu'il fut sacré champion du monde en 1979 au Canada. Longtemps hégémonique dans l'épreuve des figures, le Nantais saura vite élargir son registre pour durer et s'imposer aussi dans les autres disciplines comme le combiné (slalom-saut-figures). Au cours de sa longue et remarquable carrière, il totalisera, entre autres, une douzaine de titres mondiaux et une trentaine de victoires individuelles aux championnats d'Europe. Il aura aussi battu 26 records du monde.

REFLEX

REFLEX
REFLEX

SKS

Noah gagne Roland-Garros

Vainqueur contre Mats Wilander en 3 sets (6-2, 7-5, 7-6), Yannick Noah remporte les Internationaux de France, 37 ans après Marcel Bernard.

J'aimais beaucoup Mats Wilander, l'un des joueurs les plus *fair-play* qu'on ait connus. La France entière était pour Yannick Noah, mais moi je trouvais bien dommage qu'il n'y ait pas de match nul en tennis. Certains disent que si Wilander avait gagné le troisième set, un autre match aurait commencé à se jouer. Je n'en sais rien. Je crois que Noah était vraiment préparé comme un lion pour gagner ce tournoi. Mais j'ai eu un petit peu de mal avec cette extraordinaire effervescence autour d'un homme tandis que l'autre paraissait complètement oublié. Il se trouve qu'il était vraiment, et est toujours, l'un des tennismen les plus attachants. Wilander avait remporté l'édition précédente, a regagné ce tournoi derrière cette finale perdue, deux fois en 1985 et 1988. J'étais très heureux pour Yannick, je le suis toujours. Je regrette qu'il n'ait pas eu de successeur en trente ans, mais j'aurais préféré qu'il gagne contre un autre joueur que Mats Wilander.

Roland-Garros en fête ! Yannick Noah réalise son rêve et le partage avec toute la France, le 5 juin 1983.

1er Tour, 1re victoire

La 70e édition de la Petite Reine couronne Laurent Fignon dès sa première participation.

C'est une course dont je me souviens parce que tout devait sourire au Français Pascal Simon. Et puis, comme cela arrive souvent en cyclisme, Simon fait une chute et se fracture l'omoplate. Il essaye de reprendre le vélo : pendant quatre jours, il supporte des souffrances terribles. Il est maillot jaune et il ne peut même pas tenir sa main sur le guidon tellement il a mal ! Il finit par abandonner. C'est une image qui me reste parce que plus personne ne se souvient de Pascal Simon, et c'est lui qui aurait dû gagner ce Tour de France. Alors le jeune Laurent Fignon, le coéquipier de Simon, arrive, tout blond avec ses petites lunettes, l'un des premiers bacheliers de l'histoire du cyclisme. Déjà un champion à part sur le vélo, et surtout hors normes dans la vie.

Laurent Fignon (1960-2010), lors d'un critérium à Hirson, dans l'Aisne, après le Tour de France 1984. L'année précédente, il n'a pas encore 23 ans lorsqu'il remporte son premier Tour, le 24 juillet 1983.

Bon Joueur, sale caractère

Même tournoi, mêmes finalistes, même vainqueur ! Comme l'année précédente, Jimmy Connors défait en 4 sets le Tchécoslovaque Ivan Lendl à l'US Open.

Jimmy Connors gagne sur le ciment de Flushing Meadows en traitant Ivan Lendl de *« chicken »*, de poule mouillée. Ce surnom lui a été donné car Lendl avait gagné beaucoup de matches mais perdait constamment les finales du Grand Chelem. On estimait à ce moment-là que Lendl ne remporterait jamais de finale, un peu comme Andy Murray. On a vu que le sort a été conjuré pour les deux. Il s'agit de la dernière victoire de Jimmy Connors dans un tournoi du Grand Chelem. Connors, âgé de 31 ans, avait su mettre dans sa poche le public, qui appréciait son côté *« bad boy »*. Dès le plus jeune âge, en 1974 quand il a gagné l'US Open et Wimbledon, c'était un chien fou. C'était à l'époque, si j'ose le dire de cette façon, un jeune joueur des courts de tennis mais déjà un vétéran des cours de justice... Dès l'âge de 21 ans avec sa mère Gloria, il était en procès avec tout le monde, car il jouait des exhibitions lucratives mais non autorisées par la Fédération internationale. Ça a toujours été quelqu'un de différent, Connors. Je ne remets pas en cause le fait qu'il a été un immense joueur, mais dans la vie c'était quelqu'un d'assez compliqué, voire même de mal élevé. Ce qui n'était pas le cas de John McEnroe, colérique sur le court mais pas dans la vie. Mais néanmoins chapeau à Connors qui a su, avec beaucoup d'intelligence, « manipuler » le public new-yorkais qui ne demandait que ça !

Jimmy Connors, vainqueur pour la 5e et dernière fois de l'US Open, le 11 septembre 1983. Il bat Ivan Lendl (6-3, 6-7, 7-5, 6-0) qui, l'année suivante, sera finaliste malheureux pour la 3e fois consécutive à New York – face à McEnroe cette fois-ci –, avant de le remporter enfin à son tour trois fois de suite (1985, 1986 et 1987).

Fin de 132 ans de suprématie !

Tempête à Newport ! Les Américains connaissent leur première défaite depuis la création de l'America's Cup : le challenger *Australia II* bat *Liberty* dans la dernière régate et les Australiens s'imposent 4 à 3.

Événement retentissant dans l'histoire de la voile puisque le bateau *Australia II*, barré par John Bertrand, est opposé à *Liberty* barré par Dennis Connor, USA. Les deux sont à 3-3 au moment de la manche décisive. Connor prend un départ tonitruant et on est alors sûrs que *Liberty* va gagner. Pourtant, à la fin, *Australia II* effectue un meilleur bord, ou trouve un meilleur vent, et l'emporte de peu. Et c'était la première fois depuis 1851, date de la première Coupe de l'America qui s'était déroulée en présence de la reine Victoria, que la victoire revenait à un bateau non américain. Les bateaux américains avaient gagné pendant 130 ans ! Le premier l'avait remporté avec une telle avance que la reine Victoria avait demandé à son garde du corps : « Mais qui est deuxième ? » Et le garde du corps avait répondu cette phrase extraordinaire : « Majesté, il n'y a pas de deuxième. » Je trouve qu'avec *Australia II*, c'est une belle leçon de sport qui s'est écrite. On se lasse quand ce sont toujours les mêmes qui gagnent. Bravo à nos amis australiens !

Au large de Newport, le *defender* du trophée, *Liberty* (à gauche), et le *challenger*, le 12M JI *Australia II* (à droite), à égalité avec 3 manches gagnées chacun, s'alignent pour le départ de la course 7, décisive pour désigner le vainqueur de la prestigieuse régate, le 26 septembre 1983.

Jumeaux vainqueurs

À Sarajevo, doublé olympique magique en slalom : ce sont les frères jumeaux américains Phil et Steve Mahre qui s'emparent respectivement de l'or et de l'argent, devant le Français Didier Bouvet.

Quelle belle victoire de Phil et Steve Mahre qui avaient gagné beaucoup de courses sur le circuit de la Coupe du monde mais qui n'avaient jamais été titrés olympiques ! Souvent ils chutaient, mais c'est le propre des skieurs, notamment en slalom spécial. Ce jour-là, ce fut leur jour. Je pense que des frères jumeaux qui l'emportent, premier et deuxième sur un podium olympique, il n'y a rien de plus beau. Et chapeau à Didier Bouvet, troisième, qui était très peu connu, de sortir la bonne course le jour J !

Phil Mahre (dossard 11), déjà médaille d'argent aux JO de Lake Placid quatre ans plus tôt, est champion olympique, le 19 février 1984. Il a le plaisir d'être accompagné de son frère jumeau Steve (dossard 3), 2e, sur le podium du slalom qui constitue probablement aussi le meilleur souvenir de Didier Bouvet (dossard 16), surprenante médaille de bronze.

Platini, meilleur buteur

Une équipe de France pleine de panache inscrit son nom au palmarès du championnat d'Europe, pour la première fois de son histoire. Au Parc des Princes, les Bleus disposent de l'Espagne (2-0) grâce à des buts de Michel Platini et Bruno Bellone.

Superbe revanche sur la fameuse élimination de 1982, d'autant que c'était à un ou deux joueurs près la même équipe française. Cette même équipe romantique, cette même équipe qui avance, qui ne calcule pas. Alors que ce n'était pas vraiment un avant-centre, un finisseur qu'on met en pointe mais un numéro 10, Michel Platini est sacré meilleur buteur du championnat d'Europe avec 9 buts dont une magnifique tête plongeante décroisée au niveau du point de penalty contre la Yougoslavie, en match de poule. Et puis cette demi-finale extraordinaire contre le Portugal, à Marseille, où la France menée dans les prolongations, égalise à 2 partout à cinq minutes de la fin avant de l'emporter à quelques secondes du coup de sifflet final de façon incroyable : 3 à 2. Victoire un peu plus facile en finale contre l'Espagne, 2 à 0, avec une immense bévue du gardien espagnol Luis Arconada qui arrête un coup franc de Platini mais qui laisse la balle lui échapper des mains et marque contre son camp ! Enfin c'est le sport ; de toute façon il y a eu un deuxième but derrière. C'était le jour des Bleus, leur championnat.

Fameux coup franc de « Platoche » à la 57e minute de la finale France-Espagne, Parc des Princes, le 27 juin 1984. Dans quelques secondes, le talentueux portier Arconada deviendra à jamais, un peu cruellement, éponyme d'erreur grossière commise par tout gardien de but.

Le Plus Grand Athlète de l'histoire

Festival de Carl Lewis à Los Angeles : 100 m, longueur, 200 m et 4 x 100 m. « King Carl » remporte 4 médailles d'or olympiques et égale son idole Jesse Owens dans l'histoire. En attendant de faire mieux.

C'est extraordinairement difficile parfois, surtout quand on connaît les risques de l'athlétisme (faux départ, fautes techniques lors des relais, etc.), de rester concentré sur un objectif. Même si les Jeux de Los Angeles avaient été boycottés par les Russes, ce boycott ne se voyait pas au sprint. Il se faisait davantage ressentir au lancer du marteau. URSS présente ou pas, ça n'aurait pas changé le résultat pour Carl Lewis. Ses quatre médailles d'or sont vraiment en ligne directe avec celles de Jessie Owens en 1936. Lewis a été dans tous les grands rendez-vous d'une régularité qui dépasse l'imagination. J'en veux pour preuve son quatrième et dernier titre à Atlanta en saut en longueur, douze ans après sa première médaille d'or. Pour moi, Carl Lewis est le plus grand athlète de l'histoire.

Deux jours après avoir gagné sa 1re médaille d'or olympique dans le 100 m, Carl Lewis enchaîne avec le saut en longueur, stade olympique de Los Angeles, le 6 août 1984. Quitte à laisser les spectateurs du Los Angeles Memorial Coliseum sur leur faim, il se contente de sauter 8,54 m pour enlever le concours. Et de deux !

Le vainqueur Carl Lewis, au couloir n° 7, largement devant le Jamaïcain Ray Stewart (à gauche) et le Britannique Donovan Reid (à droite), respectivement classés 6e et 7e dans la finale du 100 m, le 4 août 1984.

Louganis dans sa bulle

Champion du monde de tremplin de 3 m (1982) et de haut vol (1978 et 1982), le plongeur américain Greg Louganis remporte les deux épreuves aux jeux Olympiques de Los Angeles.

Le plus grand plongeur de l'histoire. Ayant une vie personnelle difficile car les *coming out* étaient rares à l'époque. Greg Louganis a été l'un des premiers à dévoiler son homosexualité, avec beaucoup de courage. Quand on le regardait plonger de cette façon-là, parfois de 10 m (il obtient une médaille d'or pour le tremplin de 3 m et une pour la plateforme de 10 m), il semblait voler. Non seulement il volait, mais il entrait dans l'eau avec une telle délicatesse, sans aucun splash ; il n'y avait que cette petite bulle que l'on appelait « la bulle Louganis ». Un plongeur exceptionnel, un grand monsieur.

Greg Louganis en plein plongeon lors de l'épreuve de tremplin de 3 m où il totalise 4 fois la note maximale, Los Angeles, août 1984.
En 4 jours, il réussit le doublé plongeon de 3 m-plateforme de 10 m. Un doublé qu'il réalisera à nouveau à Séoul quatre ans plus tard.

Une 16e victoire en demi-teinte

Alain Prost remporte son premier Grand Prix du Portugal – course où il triomphera à nouveau en 1987 et 1988 – mais cède pour quelques points le titre de champion du monde à Niki Lauda pour un troisième sacre de l'Autrichien.

Victoire du « Professeur »

Alain Prost décroche le titre de champion du monde de Formule 1. C'est le premier pilote français – et le seul encore aujourd'hui – à s'imposer dans une compétition qui existe depuis 1950.

Enfin ! Après avoir été battu d'un demi-point la saison précédente ! Il faut quand même pas mal de persévérance pour toucher du doigt le titre en 1983 et 1984 et pour, enfin, le remporter en 1985. Nous le savons de source sûre : s'il n'avait pas remporté le titre en 1985, Alain Prost aurait été éjecté de chez Renault, et je pense qu'il aurait eu du mal à avoir la carrière qu'il a faite. C'est vraiment cette victoire qui a lancé Prost. C'est là aussi qu'il a gagné son surnom : « le Professeur ». Alain Prost est un garçon que j'ai eu le plaisir de côtoyer par la suite et dont j'ai beaucoup apprécié le côté humain. Il est simple, gentil, modeste ; en revanche, je n'ai jamais été un grand fan de son pilotage. Peut-être que « le Professeur », pour moi, n'est pas un surnom exaltant, cela évoque quelqu'un qui contrôle, qui gère, ce qui lui a d'ailleurs formidablement réussi. Lors de ses années de rivalité avec Ayrton Senna, il y avait un bon tiers des Français qui étaient pour le Brésilien, ce qui énervait prodigieusement Prost. J'avoue que j'étais peut-être un peu plus attiré par le pilotage de Senna, mais j'ai été très séduit par la personnalité de Prost, notamment sur des parcours de golf, sport dans lequel il excelle.

Alain Prost se prépare à bord de sa McLaren au départ du Grand Prix d'Europe, sur le circuit de Brands Hatch (Angleterre), le 6 octobre 1985. La course sera gagnée par Nigel Mansell devant Ayrton Senna et Keke Rosberg. Mathématiquement couronné par sa 4e place, le Français entre dans la légende de la F1 et du sport tricolore.

Toujours vert !

Vingt-trois ans après son premier succès dans l'épreuve, le golfeur Jack Nicklaus gagne encore le Masters, à l'âge de 46 ans, en réalisant l'un des plus beaux putts de l'histoire au n°17.

Jack Nicklaus reste à ce jour le vainqueur le plus âgé d'un tournoi du Grand Chelem. Il devait être le seul à y croire, sachant que le Masters était vraiment son tournoi. Je pense que Tiger Woods ne battra pas son record des 18 tournois du Grand Chelem. Jack a gagné son premier titre majeur à 22 ans. On l'appelait « l'Ours doré » ou encore « l'Ours blond ». Eh bien, cet ours s'est singulièrement dégrossi et il est devenu un *gentleman* sur les parcours, dans la vie, dans sa reconversion : il dessine certains des plus beaux parcours du monde, il est à la tête d'un empire du textile avec sa marque Golden Bear. Jack Nicklaus est l'exemple même de la reconversion réussie. Il est un géant du sport.

Concentré, Nicklaus suit du regard la trajectoire de la balle lors d'un putt, durant le Masters d'Augusta (Géorgie), le 13 avril 1986.

Jack Nicklaus sur l'Ailsa Course
du Turnberry Golf Club,
lors du British Open,
Écosse, juillet 1986.

Joël Bats, goal de l'équipe de France, joue le match de sa vie à Guadalajara et met fin aux espoirs de 4e titre de la *Seleção* en arrêtant ce penalty de Zico.

Un exploit d'anthologie !

Après avoir éliminé l'Italie tenante du titre, le talentueux Onze tricolore élimine une superbe *Seleção* en quart de finale de la Coupe du monde au Mexique, au terme de l'un des meilleurs matches depuis la création du tournoi.

Si la France méritait de remporter la demi-finale de la Coupe du monde de football en 1982, le Brésil méritait de gagner le quart de finale de 1986. Il y avait dans la sélection *auriverde* des joueurs extraordinaires comme Zico qu'on appelait « le Pelé blanc », Sócrates, Júlio César... Joël Bats, le gardien français, arrête dans le cours du match un penalty de Zico, entré en jeu peu de temps auparavant, et ensuite arrête le tir au but de Sócrates. Je me souviens du tir de Luis Fernandez, le dernier joueur français à y aller et qui, s'il réussit, fait gagner son équipe. Après avoir marqué, il avait envie d'embrasser la France entière, et la France entière a dû embrasser sa télévision. Malheureusement, ce n'était qu'un quart de finale. La France s'est ensuite inclinée à nouveau contre l'Allemagne en demi-finale, mais cette fois, il n'y avait rien à dire.

L'élégant et longiligne milieu de terrain brésilien Sócrates (1954-2011) chargé par Jean Tigana, lors du match France-Brésil (1-1 après prolongation), au stade Jalisco de Guadalajara (Mexique), le 22 juin 1986. Les Sud-Américains s'inclinent notamment à cause des échecs du « docteur » Sócrates et de Júlio César lors de la séance de tirs au but (4-3).

Greg LeMond gagnant

Chose inédite sur les routes du Tour de France : la victoire revient à un Américain, Greg LeMond, devant son équipier Bernard Hinault.

En 1985, Bernard Hinault et Greg LeMond sont coéquipiers au sein du groupe La Vie claire. Tous les témoignages concordent : LeMond était bien meilleur qu'Hinault et, s'il n'avait pas reçu des consignes de course, il aurait gagné le Tour de France cette année-là. Hinault s'était alors engagé à aider et à tout faire pour que LeMond l'emporte l'année suivante. Le problème c'est qu'en 1986, avec la perspective d'être le recordman avec six victoires sur le Tour de France, se sentant pousser des ailes et en meilleure forme que l'année précédente, Hinault a rompu sa promesse… Cela n'a pas contribué à la gloire de Hinault qui a porté le maillot jaune, a eu quelques minutes d'avance puis s'est écroulé dans une étape. Lui a toujours dit qu'il respectait les consignes d'équipe, mais ce n'est absolument pas vrai. S'il avait pu remporter un sixième Tour de France, il l'aurait fait aux dépens d'un Greg LeMond un peu moins fort finalement qu'en 1985, mais qui l'emporte suite à la défaillance du Breton. C'était justice pour Greg LeMond, pour qui deux autres belles victoires sur le Tour allaient suivre en 1989 et 1990.

Le maillot jaune Greg LeMond et son équipier Bernard Hinault, vêtu du maillot à pois, lors de la 19e étape entre Villard-de-Lans et Saint-Étienne, le 23 juillet 1986.

Bad Boy

L'un des nombreux coups puissants assenés à Trevor Berbick (1954-2006) par Mike Tyson (à droite), Las Vegas, le 23 novembre 1986.

En mettant *K.-O.* le Canadien Trevor Berbick en moins de 2 rounds, Mike Tyson devient, à 20 ans et quelques, le plus jeune boxeur à remporter le Championnat du monde des poids lourds.

La naissance d'un champion hors normes, d'une nouvelle terreur des rings. Mike Tyson mesure 1,78 m, ce qui n'est pas immense pour un poids lourd, mais il possédait un punch absolument hallucinant. Pour admirer quelqu'un, il faut aussi un petit peu l'aimer. Et Mike Tyson dans la vie, avec ses histoires de violence conjugale, etc., me semble quelqu'un de difficile à apprécier. Il a aussi singulièrement terni sa réputation avec le match contre Evander Holyfield lors duquel il lui a mordu l'oreille. C'est un garçon extrêmement instable. Il est né dans la rue et a appris à boxer pour se défendre alors qu'il était enfant…

Invincibles

Énorme lors d'un match historique contre l'Australie (30-24) en demies, le XV de France est dominé par des All Blacks supérieurs (29-9) en finale de la 1re Coupe du monde de rugby.

Une Coupe du monde de rugby qui n'en était qu'à ses prémices, qui avait lieu en Nouvelle-Zélande et qui ne pouvait évidemment échapper au pays organisateur. On imagine difficilement les All Blacks être battus à domicile. La France avait réalisé une extraordinaire demi-finale contre l'Australie, un petit peu à l'image de ce qui allait se passer quelques années après. Tout compte fait, le parcours de l'Équipe de France en Coupe du monde de rugby est assez linéaire : il y a souvent eu des matches fabuleux en quart ou en demi-finale – en particulier contre les Néo-Zélandais en 1999 en demies et, en quarts, en 2007 –, puis... le XV tricolore s'est éteint en finale ! Là, les All Blacks à domicile étaient invincibles. Cette Coupe du monde était encore une compétition « champêtre ». Il n'y avait pas de sécurité particulière. A fortiori en rugby, un sport encore amateur qui se jouait dans des stades qui n'étaient pas tous l'Eden Park d'Auckland. C'est une image nostalgique du sport. C'est peu dire qu'elle nous manque aujourd'hui.

Le trois-quarts-aile All Black John Kirwan (avec le ballon), ici plaqué par Patrice Lagisquet sous les yeux de Franck Mesnel (à terre), Pierre Berbizier (derrière) et Serge Blanco (numéro 15), fut l'auteur du 3e essai néo-zélandais, à l'Eden Park d'Auckland, le 20 juin 1987.

15

GOLF / 19 JUILLET 1987

Faldo et son caddie

Après avoir mystérieusement disparu des classements pendant deux ans alors qu'il était au top, l'Anglais Nick Faldo, réalise un retour gagnant au British Open, à Muirfield.

Nick Faldo réalise cette performance incroyable qui, aujourd'hui, serait probablement très insuffisante – de nos jours, les tournois se gagnent sensiblement en dessous du par – pour gagner d'un coup : il fait 18 pars sur les 18 derniers trous, ce qui est extrêmement rare, pratiquement du jamais-vu. Pas un bogey, pas un birdie... Et il gagne ce tournoi à Muirfield. Il y a une très jolie anecdote le concernant. Il faut savoir qu'il était alors le seul joueur qui employait une fille comme caddie, une Suédoise du nom de Fanny Sunesson. Était-ce ce tournoi-là ou un autre ? Peu importe. Normalement, le caddie est là pour donner au joueur des conseils sur les clubs, etc. Arrivé au dernier trou, on voit qu'il discute beaucoup avec elle. Quand on lui a demandé en salle de presse de quoi ils avaient parlé tous les deux, il a expliqué : « Fanny me demandait quels étaient les plans de la maison que je voulais faire construire en Espagne, comment était exposée la terrasse par rapport au jardin, est-ce qu'on voyait la mer, etc. Bref, elle me parlait de tout sauf de golf, et ça a eu un effet décontractant sur moi extraordinaire. » Il y a aussi une seconde anecdote, très drôle, qui rappelle combien Faldo, en tant qu'Anglais, était peu apprécié du public écossais. C'est l'histoire de deux vieux bougres écossais, l'un dit à l'autre : « Tu sais, je suis la première personne à qui Faldo a parlé après avoir rentré son putt victorieux au British Open ! » « Ah bon ? C'est extraordinaire ! Mais que t'a-t-il donc dit ? » Et l'autre répond : « Ôte-toi de là que je m'y mette ! » *(« Get the hell out of the way and let me pass ! »)* Je pense qu'il voulait passer, fendre la foule et signer sa carte de score. Il n'y avait que Faldo pour générer ça chez le public écossais ! C'était loin d'être le golfeur préféré des locaux ! Quand il jouait en Écosse – et le British Open s'y joue 6 fois sur 7 –, on ne peut vraiment pas dire qu'il jouait à domicile. Rien que ça, c'était très fort. Avant ce succès prestigieux, Faldo avait disparu du circuit pendant deux ans pour refaire son swing, ce qui demande pas mal de courage. Ça a largement payé puisque ce fut la première d'une longue série de victoires.

La Grâce sur glace

À Calgary, l'Allemande de l'Est Katarina Witt est, à 22 ans, une nouvelle fois championne olympique de patinage artistique.

1988. Très grande année pour Katarina Witt qui, dans la même saison, égale le record de Sonja Henie en devenant pour la sixième fois championne d'Europe. Au niveau européen, elle était quasi imbattable. Elle récidive un mois plus tard à Calgary en conservant le titre olympique gagné quatre ans auparavant à Sarajevo en 1984. Une fille d'une régularité sur la glace absolument extraordinaire qui, il est honnête de le préciser, compensait parfois le fait qu'elle faisait un peu moins de sauts. Mais elle possédait tellement de grâce que la note artistique la propulsait toujours en tête. Cette fille intelligente savait toujours très bien ce qu'il fallait faire pour remporter le titre. Ce n'était pas toujours le panache absolu, mais sa beauté conjuguée à sa grâce sur la glace faisait le reste.

La séduisante Katarina Witt lors de son programme long, à l'Olympic Saddledome de Calgary, le 28 février 1988.

Page de gauche :
Au 12e trou, Faldo semble apprécier le temps pluvieux de Muirfield (Écosse), le 17 juillet 1987. Cela tombe bien : à partir de ce tournoi, une pluie de victoires va s'abattre sur l'Anglais, parmi lesquelles 3 Masters (1988, 1990, 1996), 1 US Open (1988), 2 autres British (1990, 1992) et 1 US PGA (1992).

Franck Piccard lors du super-G, le 21 février 1988. Ayant aussi gagné le bronze en descente, il décroche ainsi, toutes disciplines confondues, les deux seules médailles françaises de cette olympiade canadienne.

L'Or après 20 ans de purgatoire

Alors qu'il n'a jamais gagné de course mondiale, Franck Piccard est numéro 1 le jour J : le skieur des Saisies devient champion olympique dans le super-G de Calgary, 20 ans après Jean-Claude Killy.

Formidable Franck Piccard, garçon hyper attachant, modeste, discret, gentil, mais avec des moyens physiques plutôt limités. Il mesure 1,70 m et pèse 65 kg. Quand on voit ce garçon qui passe entre les murs, on se demande comment il a su inscrire cette première victoire et surtout confirmer en 1992 aux jeux Olympiques d'Albertville après des années noires en Coupe du monde. Il devient donc champion olympique de super-G en 1988 et vice-champion en descente quatre ans plus tard. Ce garçon originaire des Saisies, en Savoie, a vraiment marqué le renouveau du ski français. Il était à la tête d'une bande qu'on appelait les « Top Gun », dans laquelle il y avait également Luc Alphand et Jean-Luc Crétier. Je suis allé aux Saisies, j'ai vu l'hôtel familial qu'il gère maintenant. Dans cette famille, les gens sont honnêtes, authentiques, de vrais montagnards.

Jamais de descente

Au Canada, Alberto Tomba skie sur les traces de Toni Sailer (1956), Jean-Claude Killy (1968) et Ingemar Stenmark (1980) en réalisant le doublé olympique slalom géant-slalom spécial.

Ce skieur italien, dont la modestie n'était pas la qualité première mais qui a su parfaitement monnayer son talent et

« La Bomba » en action lors du slalom géant, le 25 février 1988.

La skieuse helvète dévale les pistes du mont Allan avec l'or pour objectif, à Nakiska, février 1988.

soustraire un peu le ski à la domination austro-suisse, avait cette faculté de répondre presque toujours présent – il y a eu quelques accrocs – dans les grands rendez-vous. Alberto Tomba ne faisait jamais de descente parce que, paraît-il, sa mère, qu'il appelait « la Mamma », trouvait cela trop dangereux. C'est le seul bémol que je mettrais à la carrière de Tomba. Celui-ci et Ingemar Stenmark étaient des techniciens, des spécialistes du slalom.

Une étoile filante

La Suisse Vreni Schneider réussit, comme Tomba chez les hommes, à enlever les slaloms spécial et géant.

Vreni Schneider, dont la passion principale était, et est toujours à ma connaissance, le tricot, fut une très grande championne de l'histoire du ski. C'était une campagnarde du centre de la Suisse, et il faut croire qu'elle a tricoté non seulement des chaussettes mais également ses trophées avec beaucoup de succès. Elle était d'une timidité absolument incroyable, d'ailleurs elle s'est retirée et plus personne n'a entendu parler d'elle. Elle a quand même sa belle collection de médailles d'or. Elle a tout gagné. Une formidable skieuse. C'était la passion du sport sans en attendre de contrepartie.

Un si beau sourire

Deux mois avant de rafler 3 médailles d'or aux JO de Séoul, Florence Griffith-Joyner (USA) devient la première athlète sous les 10"50 au 100 m d'Indianapolis. Des exploits qui sont entachés par de lourds soupçons de dopage...

Comment parler d'une jeune femme qui nous a quittés et à propos de laquelle les soupçons de dopage sont très forts – je dirais même qu'elle a probablement payé de sa vie ce genre de pratique ? Comme je n'ai jamais aimé hurler avec les loups, je retiendrai simplement son exceptionnel sourire, tout au long de sa brève carrière, et ses ongles démesurément longs et multicolores. Parfois 30 m avant la ligne, elle commençait à sourire. Florence Griffith n'était pas une tueuse, même s'il y a probablement eu des aides extérieures. Je veux garder en mémoire ce qu'il y a de mieux chez quelqu'un. Une personnalité attachante – en plus elle était ravissante – et ce sourire qui a illuminé les pistes du monde entier.

Florence Griffith-Joyner, fêtant sa victoire dans le 100 m, stade olympique de Séoul, le 25 septembre 1988. Elle rafle également les titres du 200 m et du 4 x 100 m.

Matt Biondi « méconnu »

En Corée du Sud, la star américaine Matt Biondi enlève le 100 m nage libre en 48''63. L'excellent Stéphan Caron termine 3e de la course.

C'est drôle parce que Matt Biondi est un champion au palmarès exemplaire, mais il n'a jamais été célèbre. C'est assez curieux, je ne sais pas pourquoi. Certains champions arrivent avec un palmarès moindre à devenir, par leur charisme, extrêmement connus. Peut-être que trop dominer, ne pas avoir de failles, fait parfois que le sportif s'éloigne de ses admirateurs ? Je pense qu'il y avait beaucoup de fans des performances de Biondi, mais je ne suis pas sûr pas qu'il y ait eu beaucoup de fans de Biondi lui-même... Un petit mot sur Caron : il faut quand même préciser qu'à l'époque la natation française glanait des breloques une fois de temps en temps. Néanmoins, il y eut certains précurseurs et Stéphan Caron en fut un. Je ne dis pas qu'il y a une relation directe entre cette période et l'équipe de France d'aujourd'hui... Mais peut-être que l'équipe de France d'aujourd'hui ne serait pas née, au fond, sans ces premières performances. Il fallait des nageurs comme Stéphan Caron, comme Alain Mosconi un petit peu avant, pour planter les premières graines.

Outre celle de l'épreuve reine, Matt Biondi récolte au cours de cette édition coréenne des JO 4 autres médailles d'or, une d'argent et une de bronze. Ici, il célèbre son titre du 50 m nage libre et le nouveau record du monde qui y est associé (22"14), le 24 septembre 1988.

L'Homme qui murmurait à l'oreille de Jappeloup.

À Séoul, le sans-faute de Pierre Durand et de Jappeloup leur permet de décrocher la médaille d'or olympique au saut d'obstacles. L'échec de Los Angeles est effacé.

L'une des images les plus fortes, pour moi, du sport mondial. Je trouve que ce couple, immortalisé depuis par un film dans lequel Guillaume Canet incarne Pierre Durand, avait absolument tout. Déjà, Jappeloup de Luze était un cheval de petite taille et Pierre, que je connais bien, que je côtoie dans la vie, est pour moi l'exemple même d'un homme élégant, fin, un vrai *gentleman,* un sportif amateur qui correspondait parfaitement à l'idéal de Coubertin. Le fait qu'il y ait eu un long-métrage, vingt-cinq ans après, est une belle manière de lui rendre hommage. J'ai une grande sympathie pour Pierre Durand. Et si une interview avec un cheval avait été possible, j'aurais aimé que ce fût avec Jappeloup !

Pierre Durand et Jappeloup de Luze (1975-1991) sautant un obstacle, lors du concours de saut individuel, Séoul, le 2 octobre 1988. Les performances du cavalier et de sa monture assurent, par la même occasion, une médaille de bronze à la France dans l'épreuve par équipes.

Les Frères ennemis

Au terme d'une lutte acharnée avec Alain Prost, son rival et son coéquipier chez McLaren, le Brésilien Ayrton Senna obtient une victoire extraordinaire au GP de Suzuka (Japon) qui le sacre pour la première fois champion du monde de F1.

C'est le début d'une extraordinaire rivalité entre deux champions aux caractères très opposés. Autant Alain Prost était « le Professeur », autant Ayrton Senna était le pilote flamboyant par excellence, généreux, sans peur et sans reproche. Les styles de pilotage étaient complètement différents. Ça a été pour moi l'une des plus belles rivalités du sport automobile même s'il y eut quelques coups bas dont il est souvent très difficile de dire qui en fut l'auteur. Certains disent que Senna avait souvent tendance à faire des manœuvres un peu… discutables. Je n'y crois pas une seule seconde : on ne risque pas sa vie à 250 ou 300 km/h, en conduisant n'importe comment.

Sur le podium, Ayrton Senna (1960-1994) brandissant son trophée après sa double victoire, Suzuka, le 30 octobre 1988. Il conquiert ici le 1er de ses 3 titres de champion du monde.

Une dame de cœur

À 19 ans, Steffi Graf est la première et unique joueuse à réaliser le Golden Grand Slam (Grand Chelem doré) : elle remporte les 4 tournois du Grand Chelem et l'or olympique la même année !

Parfois les champions sont pleins d'ambition au détriment de qualités humaines élémentaires, chez Steffi Graf c'était exactement l'inverse. C'est une fille que j'ai toujours beaucoup admirée, beaucoup appréciée. Une grande sensibilité dans la vie, une forte détermination sur le court mais également un immense *fair-play.* C'est une fille modeste, humble et gentille. Je me souviens qu'à Roland-Garros je la côtoyais fréquemment parce que mes débuts là-bas ont coïncidé avec les siens. Elle voulait toujours jouer le matin, ça l'arrangeait par rapport à ses entraînements. Elle a fait une carrière extraordinaire et je pense que le fait de réaliser en 1988 le « vrai » Grand Chelem (c'est-à-dire les quatre tournois majeurs la même année), de ne pas concéder beaucoup de sets, et en plus de gagner les JO, constitue un exploit qui ne sera jamais réédité. Je ne dirais pas que c'était le jeu le plus offensif ou spectaculaire du circuit, mais comme j'appréciais particulièrement cette fille, avec laquelle j'ai eu beaucoup d'interviews personnelles, sympa, humaines, je passais sur le fait que son jeu n'était peut-être pas le plus attractif. Notamment contre Martina Navratilova qui montait sans arrêt au filet et qui essuyait des passing-shots terribles, mais c'était son jeu, efficace. Elle est pour moi l'exemple parfait de la championne avec de réelles qualités humaines. Sa reconversion au sein de la fondation Longines dans laquelle elle s'investit avec Andre Agassi, qui s'appelle « Children for Tomorrow », lui va à ravir. Elle est désormais mère de deux enfants. Lui, c'est l'inverse, c'est l'ancien mauvais garçon devenu un super type grâce à elle. Comme quoi la phrase : « La femme est l'avenir de l'homme », convient au couple Agassi-Graf.

4 juin 1988 : finale de Roland-Garros, Paris, contre Natasha Zvereva 6-0, 6-0.

2 juillet 1988 : finale de Wimbledon, Londres, contre Martina Navratilova 6-2, 6-7 (1/7), 6-1.

23 janvier 1988 : finale de l'Open d'Australie, Melbourne, contre Chris Evert 6-1, 7-6 (7/3).

10 septembre 1988 : finale de l'US Open, New York, contre Gabriela Sabatini, 6-3, 3-6, 6-1.

1er octobre 1988 : finale des jeux Olympiques, Séoul, contre Gabriela Sabatini, 6-3, 6-3.

L'Autre Amiral

Sur son trimaran *Un autre regard,* le navigateur Olivier de Kersauson établit un nouveau record du tour du monde en solitaire : 125 jours, 19 heures et 32 minutes.

Il se trouve que j'ai côtoyé l'amiral, qui me dit que nous sommes tous les deux amiraux puisque je porte le prénom d'un amiral, et non des moindres ! On a eu un super contact. J'avais quelque appréhension parce qu'il a son caractère, mais ça a été un régal. Je l'ai rencontré plusieurs fois, à Paris, en Bretagne. Certes il a ses têtes, mais quand on aborde ce qu'il aime, il devient charmant. Il s'exprime de manière formidable, il emploie un français merveilleux, il est capable d'improviser des alexandrins, j'en témoigne ! Olivier de Kersauson est quelqu'un que j'adore. Et en plus, ce qu'il a fait sur l'eau, ce n'est pas rien. On lui a souvent reproché de pratiquer pour les médias ; mais ce que je sais, c'est que les marins qui ont beaucoup de respect pour l'eau ne s'y trompent pas. Il a quand même été le bras droit d'Éric Tabarly. C'est quelqu'un qui a su monnayer son succès, il n'y a pas de honte à ça. Il est né dans une belle famille avec un joli nom, mais pas une famille riche. Si aujourd'hui, chaque mois, il peut se permettre de vivre trois semaines à Tahiti et une semaine en France à l'hôtel San Régis à Paris, il ne le doit qu'à lui-même !

Le skipper Olivier de Kersauson debout sur le pont de son multicoque rose, après avoir établi le nouveau record du tour de monde en solitaire, lors de son arrivée dans le port de Brest, le 3 mai 1989.

Une incroyable détermination

Contre toute attente, la favorite et tenante du titre Steffi Graf est privée d'une 3e victoire consécutive à Roland-Garros par l'Espagnole Arantxa Sánchez (7-6, 3-6, 7-5).

Arantxa Sánchez était une championne qui techniquement et « tennistiquement » n'avait absolument pas les armes pour gagner le tournoi de Roland-Garros, a fortiori pour le remporter trois fois, mais elle possédait une détermination absolument incroyable. Quand elle était en difficulté, elle faisait des espèces de lobes pour remettre la balle en jeu, et se battait sur tous les points comme une tueuse. C'est une fille qui a eu énormément de revers dans la vie, à tel point qu'elle est aujourd'hui en procès avec ses parents. Elle considère qu'ils lui ont volé son argent, je ne connais pas exactement les détails. Pour être en procès avec ses propres parents, ça veut dire qu'il doit y avoir beaucoup de blessures cachées, ce qui est souvent le cas chez les jeunes sportifs, en particulier dans le tennis. On a été injuste avec Arantxa Sánchez, c'est facile de se moquer du physique des gens, je déteste ça et j'ai beaucoup de sympathie pour elle. Aujourd'hui, elle est une jeune mère de famille, élégante et épanouie…

Le poing rageur, Arantxa Sánchez se réjouit de la victoire à l'issue de la finale contre l'Allemande, le 10 juin 1989.

Chang le surdoué

L'Américain Michael Chang devient le plus jeune vainqueur de Roland-Garros face à Stefan Edberg (6-1, 3-6, 4-6, 6-4, 6-2) qui, lui, ne gagnera jamais le tournoi parisien.

Pour moi, la victoire de Michael Chang est un grand moment de l'histoire du tennis, qui ne se résume pas, loin s'en faut, à un coup de service par en dessous dans le huitième de finale contre Ivan Lendl. Certes, ce match fut épique et a marqué les mémoires : il lutte contre les crampes, il fait craquer psychologiquement le Tchèque avec son service surprise à la cuillère et sa montée à la limite du demi-carré de service sur la deuxième balle de Lendl. Mais, je trouve que c'est beaucoup trop réducteur pour ce joueur qui, malgré sa taille (1,73 m), a quand même été numéro 2 mondial derrière Pete Sampras, donc quasiment numéro 1, Sampras étant largement au-dessus de tous. De plus, c'est un garçon qui aurait pu et dû remporter beaucoup plus de tournois du Grand Chelem, notamment Roland-Garros qu'il aurait pu gagner deux ou trois fois. C'était un joueur conscient de ses limites physiques, pourvu d'un acharnement et d'une volonté de vaincre formidables, mais jamais au détriment des autres. Il jouait de façon assez offensive. C'était le *tennisman* le plus *fair-play,* il est donc tout à fait faux de dire qu'il embarquait ses adversaires dans des « chinoiseries ». D'ailleurs, le meilleur sondage à propos du *fair-play* des joueurs est, et de loin, à réaliser auprès des ramasseurs de balles de Roland-Garros. Pour eux, c'était Michael Chang, qui jamais ne jetait une serviette négligemment comme le font beaucoup de joueurs, et remerciait les ramasseurs quand ils lui envoyaient la balle. Il avait effectivement cette croyance extraordinaire en Dieu – « Dieu m'a donné la force de terminer le match », avait-il expliqué –, et après tout, chacun est libre de ses convictions. S'il veut en parler en public, c'est son affaire. J'ai beaucoup d'estime pour Michael Chang. Comme en 1983, lors de la finale Noah-Wilander, j'ai bien regretté, lors de la finale de 1989, qu'il n'y ait pas de match nul au tennis parce que Stefan Edberg n'était vraiment pas loin de gagner ce match. Il a eu de nombreuses balles de break dans le quatrième set, qu'il perd 6-4 avant de flancher physiquement au cinquième set, qu'il perd 6-2. Je pensais qu'Edberg allait pouvoir gagner Roland-Garros même après cette défaite-là, ça n'a pas été le cas. Dieu sait qu'il s'est rattrapé sur d'autres tournois ! Je pensais également que Chang le regagnerait. Ça n'a pas été le cas non plus, mais quelle grande finale entre deux *gentlemen* ! Michael Chang est aujourd'hui marié, père de deux enfants, et je le vois chaque année au tournoi des légendes à Roland-Garros. Il est toujours aussi sympathique qu'il y a vingt ans. C'est un très grand monsieur ! Et quand Michael Chang me cite dans son livre de mémoires, ça me procure beaucoup de bonheur.

L'adversaire du jour, le Suédois Stefan Edberg, en action, lors de la finale de Roland-Garros, le 11 juin 1989.

Michael Chang venant de frapper un coup droit,
en finale de Roland-Garros, le 11 juin 1989.

Laurent Fignon (1960-2010) lors de la 11e étape (Luchon-Blagnac) du Tour de France 1989, le 12 juillet. Vainqueur de la Grande Boucle (en 1983 et 1984) à deux reprises et du Giro (1989), il a malheureusement perdu sa bataille contre le cancer. Il est décédé le 31 août 2010 à Paris, à l'âge de 50 ans.

Un Américain sur les Champs-Élysées

L'incroyable et dramatique dénouement de la 76e édition du Tour de France marque à jamais les annales du cyclisme : lors de la dernière étape, un contre-la-montre entre Versailles et les Champs-Élysées, Greg LeMond parvient à combler son retard de 50 secondes sur Laurent Fignon et à devancer le Français de 8 secondes !

Laurent Fignon ne pouvait pas perdre ce Tour de France. Il restait 24 km de contre-la-montre entre Versailles et Paris, il avait 50 secondes d'avance. Mais pour les Américains, tant que ce n'est pas fini, ce n'est pas fini ! Même si Greg LeMond se savait supérieur à Fignon dans cette épreuve, il pensait que sur 24 km ce serait trop juste pour rattraper son retard et creuser l'écart. Il disait : « Je veux tout mais pas perdre le Tour d'une seconde. » Et puis LeMond y a cru et a finalement gagné avec 8 secondes d'avance, tandis que Fignon avait des difficultés à la selle. Tout a été dit sur la course elle-même. Il faut savoir que LeMond revenait de nulle part. 1987 et 1988 avaient été des années blanches puisqu'il avait eu un accident de chasse où il avait failli perdre la vie. Quand il a gagné en 1986, on pensait qu'il pouvait en gagner cinq de suite. Mais cela ne s'est pas produit, et en plus il a réintégré une petite équipe, sans beaucoup de moyens, sans équipiers. Il y a une certaine justice là-dedans. Fignon n'était pas toujours très sympa avec la presse, avait cette image d'arrogance parfois agressive. Je sais que la plupart des gens dans la caravane étaient pour LeMond et Fignon a très mal encaissé ça. Sa mort, survenue le 31 août 2010, m'a profondément attristé. Laurent Fignon, je l'ai beaucoup côtoyé après la fin de sa carrière – j'ai fait du golf et du ski de fond avec lui –, et j'ai rarement rencontré un sportif aussi intelligent, sensible, courageux, surtout au cours de sa maladie qui l'a adouci ; toutes ces qualités ne transparaissaient absolument pas lorsqu'il était coureur, et il le reconnaissait lui-même. Pour moi, Laurent Fignon, c'était un bel exemple d'être humain. Un super type, un homme majuscule.

Laurent Fignon (à gauche) et le leader du classement Greg LeMond (à droite) dans les Pyrénées, lors de la 10e étape (Cauterets-Superbagnères), le 11 juillet 1989. Au cours de l'ascension finale vers Superbagnères, le Français décroche un peu l'Américain et, pour quelques secondes d'avance, s'empare du maillot jaune.

Polémique dans les paddocks !

À Suzuka, lors de l'avant-dernier GP de la saison, décisif pour l'obtention du titre de champion du monde de F1, Ayrton Senna harponne sciemment la Ferrari d'Alain Prost. Dès le premier virage, la course est terminée pour les deux pilotes et le Brésilien remporte le titre mondial une 2e fois.

La terre entière a accusé Ayrton Senna ! Même s'il a reconnu, quelques mois plus tard, avoir volontairement provoqué l'accrochage pour se venger de la Fédération, coupable selon lui de favoritisme vis-à-vis du Français la saison précédente, je mettrais plutôt ça sur le compte d'une réaction à chaud due au sentiment d'injustice qui le rongeait alors. Pas à un style de conduite dangereux, ni à une vraie volonté de nuire. C'est d'ailleurs pourquoi il s'est confessé en conférence de presse, s'excusant de ce coup de sang, certes condamnable, mais qui est loin de résumer le personnage, attachant et humain. Je ne suis pas technicien de la Formule 1, mais il me semble qu'à 280 km/h, on ne prend pas de risques inconsidérés même si cet accrochage a valu à Senna d'être champion du monde. Le Brésilien a mal agi sur le coup, mais j'ai quand même du mal à croire que, dans une affaire comme celle-là, les torts ne soient pas un petit peu partagés.

Pris de vitesse au départ alors qu'il est en pole position sur la grille, Senna est dépassé par le pilote de la Scuderia. Celui-ci le devance dans la première courbe quand la McLaren n° 27 vient percuter, par la droite, la Ferrari de Prost, Suzuka, le 21 octobre 1990.
La course n'aura duré que quelques secondes pour les deux hommes qui rentrent à pied aux stands sans s'adresser la parole. Ambiance...

La Petite Fiancée de l'Atlantique

Trois mois et demi après avoir battu le record de la traversée de l'Atlantique en solitaire (9 jours, 21 heures et 42 minutes), la navigatrice Florence Arthaud remporte la 4e Route du Rhum sur *Pierre Ier* en 14 jours, 10 heures, 58 minutes et 28 secondes.

Étrange et triste destin que celui de Florence Arthaud parce que « la petite fiancée de l'Atlantique », comme on l'appelait, avait tout pour devenir un deuxième Éric Tabarly, l'idole de toute la France, mais ça ne l'intéressait absolument pas. Elle n'a jamais souhaité faire de concession ; elle n'en a d'ailleurs jamais fait, à l'exception d'une chanson avec Pierre Bachelet.

Elle a réalisé cette formidable prouesse de remporter la Route du rhum, en étant une femme, qui plus est ! Elle a su – et de quelle façon ! – faire sortir la voile de ce milieu extrêmement masculin ; s'il y a bien un sport qui est misogyne, c'est celui-là ! Je le sais, je fréquente beaucoup de marins.

Florence Arthaud était une solitaire. Sauvée d'une chute par son téléphone portable en octobre 2011 au large du Cap Corse, la miraculée disparaît en mars 2015 dans un accident d'hélicoptère lors du tournage de l'émission *Dropped* pour TF1. Son livre posthume, *Cette nuit, la mer est noire,* retrace l'épisode de la noyade évitée et apparaît aujourd'hui douloureusement prémonitoire.

Depuis la disparition de Florence Arthaud, la houle ressasse son souvenir tel l'incessant ressac. La petite fiancée est ancrée dans la mémoire collective.

« Que mon nom soit prononcé à la maison, comme il l'a toujours été, sans emphase d'aucune sorte, sans une trace d'ombre ». Ces vers extraits de la traduction du sermon *The King of Terrors,* prononcé en 1910 à la Cathédrale Saint-Paul de Londres peu après le décès du roi Édouard VII par le chanoine Henry Scott Holland, rappellent que le souvenir de nos morts navigue toujours dans nos esprits, car « le fil n'est pas coupé », comme le confirme le poète.

Je pense que l'exploit réalisé par Florence Arthaud dépassait sa personnalité et qu'elle ne s'était pas rendu compte de ce qu'elle a apporté au sport.

Le *Pierre Ier* vogue en direction d'un palmarès où Florence Arthaud (1957-2015) rejoint Mike Birch, Yves Pajot et Philippe Poupon (dont elle améliore le record de 1986), novembre 1990.

Le Patinage rajeuni

Rafraîchissant ! Isabelle et Paul Duchesnay dépoussièrent la glace de Munich, devenant ainsi les premiers champions du monde de danse français.

Isabelle, je l'ai côtoyée par la suite comme consultante. Je trouve que ce frère et cette sœur étaient formidablement élégants sur la glace et dans la vie. Isabelle et Paul Duchesnay ont complètement révolutionné la danse sur glace qui était jusqu'alors une histoire de valse de Vienne, une histoire ringarde avec des juges dont la moyenne d'âge devait être de 75 ans. Eux arrivent en 1988 – aux Championnats d'Europe à Prague où ils montent sur la troisième marche du podium – avec une chorégraphie d'un modernisme extraordinaire sur « La Jungle », Isabelle habillée de lianes (on aurait dit la fiancée de Johnny Weissmuller dans *Tarzan*), Paul à l'unisson. Sachant que dans un couple il y en a toujours un qui dirige, c'était incontestablement elle qui menait la danse. Isabelle et Paul étaient d'anciens patineurs de couple devenus danseurs parce que leur maman, quand elle avait vu la difficulté du patinage de couple avec des sauts et des pirouettes de la mort, leur avait dit : « Soit vous devenez danseurs, soit vous arrêtez. » Donc ils avaient déjà une technique que n'avaient pas les autres, c'étaient les seuls danseurs capables de faire des sauts. Ils ont formidablement su saisir leur chance. Ils ont accroché cette médaille d'or à Munich en 1991 puis la médaille d'argent olympique, l'année suivante, à Albertville où ils se sont inclinés devant les Russes Marina Klimova et Sergeï Ponomarenko qui patinaient sur une fugue de Bach alors qu'Isabelle et Paul avaient choisi *West Side Story.* Ils sont plus canadiens que français. Pour moi, ça a été une très belle rencontre, sportive et personnelle.

Moins d'un an après leur titre mondial, les Duchesnay s'illustrent sur la glace olympique où ils enlèvent la médaille d'argent, Albertville, février 1992.

Terrible Coup de couteau

Monica Seles devient la plus jeune numéro 1 mondiale à 17 ans, 3 mois et 2 jours. Un rang qu'elle mérite puisqu'elle s'adjuge, cette année-là, 3 tournois du Grand Chelem ainsi que le Masters ! Sa domination sur le tennis féminin est dramatiquement interrompue deux ans plus tard lorsqu'un déséquilibré la poignarde pendant un quart de finale à Hambourg.

À 17 ans, la Yougoslave devient numéro 1 mondiale. En cette année 1991, qui est un peu celle de la consécration, elle remporte pas moins que l'Open d'Australie, Roland-Garros, l'US Open et le Masters... Elle a eu une trajectoire assez éphémère. Championne d'Europe de l'Est qui, à l'image de Martina Navratilova, n'avait qu'une ambition : passer à l'Ouest. Elle parlait anglais comme une Américaine, avec presque un accent du Texas, et avait une grande détermination, elle était aussi un petit peu chipie. Elle a été la première joueuse à pousser des cris stridents qui énervaient tant les gens, à commencer par ses adversaires. Le coup de couteau qu'elle reçoit en 1993, lors du tournoi de Hambourg, l'a beaucoup déstabilisée, mentalement et physiquement. De plus, à la même époque, son père, qui était tout pour elle, commence à connaître de graves problèmes de santé – il s'éteindra en 1998 après une lutte contre le cancer de plusieurs années. Le plus effrayant est que le déséquilibré qui l'a poignardée l'avait fait pour que Steffi Graf redevienne numéro 1 mondiale, et c'est ce qui s'est passé ! Après son agression et une période difficile d'un point de vue personnel, elle parvient à gagner une nouvelle fois l'Open d'Australie en 1996. Elle aurait pu gagner davantage qu'elle ne l'a fait, mais elle a été déstabilisée psychologiquement. On cherche toujours une morale, mais là il n'y en a pas. Quand je pense à Monica Seles, j'y pense toujours avec un vrai fond de tristesse.

Monica Seles lors de l'Open d'Australie, en janvier 1991. Sa victoire en finale, contre Jana Novotná (5-7, 6-3, 6-1), est la 1re d'une série de trois consécutives dans ce tournoi dont elle devient par la même occasion la plus jeune gagnante de l'histoire avant d'être détrônée en 1997 par Martina Hingis à tout juste 16 ans.

Lewis et Powell, les héros tokyoïtes

Au Japon, l'exceptionnel Carl Lewis remporte le titre mondial du 100 m en signant un nouveau record du monde (9''86) et, quelques jours plus tard, le relais 4 x 100 m avec Mitchell, Burrell et Cason, aussi avec un record du monde à la clé (37''50). Mais, lors d'un concours de saut en longueur d'anthologie, le favori est battu par le formidable Mike Powell.

Sans doute les plus grands Championnats du monde d'athlétisme à ce jour, qui ont pour héros Carl Lewis. Il y bat les records du monde du 100 m et du 4 x 100 m. Et surtout, il participe à un concours de saut en longueur resté dans les annales. Il bat le record du monde mythique de Bob Beamon, en sautant 8,91 m. Le saut de Lewis s'effectue avec un léger vent favorable, il n'est donc pas homologué comme record mais il lui permet d'être en tête du concours. Arrive alors son compatriote Mike Powell avec un bond de 8,95 m ! Nouveau record du monde, qui tient toujours aujourd'hui. Que de frissons ! Et Powell, fou de joie, qui étreint le juge japonais ! Dans la nuit étoilée de Tokyo, c'étaient des moments exceptionnels. Je ne travaillais pas encore à la télévision – j'y étais déjà un peu mais je suis arrivé pour de bon l'année suivante – mais ce sont ces Championnats-là qui m'ont vraiment donné envie de couvrir ce sport que j'adore.

Un nouveau record du monde pour le dieu du sprint (dossard 1136) dans la finale la plus rapide de l'histoire – 3 coureurs à moins de 9"91, 6 finalistes à moins de 10" ! –, Tokyo, le 25 août 1991.

Ému, Carl Lewis agite le drapeau américain, après sa victoire dans le 100 m des Championnats du monde, Tokyo, le 25 août 1991.

Mike Powell attendant le résultat de son saut qu'il sait énorme, Tokyo, le 30 août 1991. Dans quelques secondes, il va apprendre qu'il a battu le plus ancien record du monde de la discipline, celui que détenait Bob Beamon depuis 1968 !

MITSUKOSHI
NISSAN

L'Américain Mike Powell, en pleine détente, est sur le point de retomber à la distance historique de 8,95 m, Tokyo, le 30 août 1991. Un record qui tient toujours aujourd'hui.

Henri Leconte, aux côtés de ses coéquipiers, Arnaud Boetsch, Fabrice Santoro, Guy Forget et du capitaine Yannick Noah, brandit la Coupe devant le public lyonnais en liesse, le 1er décembre 1991.

Émotion à Lyon

Devant un public lyonnais surchauffé, l'équipe de France s'adjuge la Coupe Davis face aux États-Unis (3-1), mettant ainsi fin à 59 ans de disette.

J'étais vraiment aux premières loges de cet événement, c'était un moment extraordinaire parce qu'il y avait une communion, une foi du public. Les anciens Mousquetaires y assistaient, notamment Jean Borotra. J'ai eu beaucoup plus d'émotions avec Yannick Noah sur la chaise de l'entraîneur, qu'avec Noah joueur victorieux en 1983 à Roland-Garros. Dans l'équipe américaine, c'était le jeune Pete Sampras et le relativement jeune Andre Agassi. Les Français ont su saisir leur chance et surtout ont gagné le double contre Ken Flach et Robert Seguso qui étaient les cow-boys américains, la meilleure équipe de double du monde. Guy Forget et Henri Leconte avec un Leconte qui revenait de nulle part, qui était ressuscité, que Noah était allé chercher alors qu'il était au-delà de la centième place mondiale. Ça a été un très joli moment de fête pour le tennis français. D'une certaine manière, les victoires d'équipes sont encore plus belles. Borotra était là, dans les vestiaires, comme un passage de relais à soixante ans d'écart. Jean-Paul Loth, qui commentait le match, pleurait véritablement. Ce sont des instants qu'on n'oublie pas. À la télévision, c'était un de mes premiers grands événements. On avait fait une audience gigantesque, peut-être plus de dix millions de téléspectateurs. Je me souviens que j'avais discuté avec Bruno Rebeuh, qui était le grand arbitre de l'époque, pendant le match Sampras-Forget, le premier simple du dimanche. Sachant qu'Agassi avait battu Forget le premier jour et que la France menait 2-1 grâce au double, ça commençait à devenir sérieux, Sampras égalisant à une manche partout. Je parle à Bruno et je lui dis : « Ça commence à mal aller pour Forget, si Sampras gagne, ça fait deux victoires partout, qu'est-ce qu'il se passe dans le dernier match ? » Il me répond : « Dans le dernier match Agassi gagne contre Leconte, et on perd 3 à 2. » Heureusement, Forget a gagné en 4 sets, offrant le point de la victoire finale et le dernier simple n'a pas été disputé.

Le capitaine de l'équipe de France Yannick Noah, premier supporter de Guy Forget lors de son simple contre Pete Sampras, Lyon, le 1er décembre 1991. Son joueur donne le point de la victoire à la France : 7-6 (8/6), 3-6, 6-3, 6-4.

Foison de médailles à Albertville

Fabrice Guy et Sylvain Guillaume sont respectivement médaille d'or et d'argent en combiné nordique aux JO d'Albertville. Au cours de ces Jeux, la France ramasse 9 médailles. Citons la médaille d'or d'Edgar Grospiron en bosses, ainsi que les médailles d'argent de Franck Piccard en descente et des Duchesnay en patinage danse.

Très belle image des deux Jurassiens s'entraînant du côté de Pontarlier dans le Doubs ; parce que, même si on était entré de plain-pied dans le sport professionnel, en ski de fond, quand on s'entraîne dans le Jura et qu'il fait - 20 °C, je ne suis pas sûr qu'on pense tellement aux dollars et qu'il y en ait beaucoup qui tombent. Fabrice Guy et Sylvain Guillaume avaient un état d'esprit que n'aurait pas renié Pierre de Coubertin. En plus, on sentait beaucoup d'amitié entre eux, il n'y avait pas de jalousie, que de la fraternité, certaines images ne trompent pas. Edgar Grospiron gagne en ski de bosses sous une tempête de neige. Edgar n'avait pas le triomphe modeste, une sorte de Mohamed Ali des pistes. Je ne le connaissais pas et me disais qu'il avait le melon. Puis je l'ai rencontré et j'ai découvert un garçon d'une douceur, d'une gentillesse, d'une humilité rare. Deux ans plus tard, à Lillehammer, il a obtenu la médaille de bronze. C'était un moment vraiment très fort. Aujourd'hui nous nous côtoyons régulièrement, il joue au golf, c'est un garçon adorable.
Il y a eu deux autres événements marquants, le 22 février, dans ces JO d'Albertville, auxquels j'ai assisté personnellement, durant le slalom, disputé aux Ménuires. Il y avait Alberto Tomba en lice contre le Norvégien Finn Christian Jagge. Je me souviens que Tomba n'avait pas très bien réussi la première manche et sort une deuxième manche de feu, puisqu'il remonte de la sixième à la première place en attendant le tour du Scandinave. Il devait y avoir 50 000 Italiens au bord de la piste. Jagge est descendu sous les huées, les Italiens ne souhaitaient qu'une seule chose : qu'il tombe. Plus il descendait, plus j'étais pour lui. Je me disais : « Qu'est-ce que c'est que ce public ? » Là, j'ai vu tout ce que je n'aime pas en matière de sport, mais je n'avais rien contre Tomba. Jagge a finalement réussi à conserver un écart très réduit et à obtenir la médaille d'or. Ce jour-là je me suis demandé : « Comment peut-on huer un skieur ? » Ce n'est pas un sport qui s'assimile au hooliganisme et je ne m'y attendais pas du tout. L'autre moment était, au contraire, une très belle image. Il y avait un concurrent du Costa Rica, ce qui est rare en ski. Il descend en tournant large, ne renverse aucune porte et finit la course. Tomba et Jagge le félicitent et le portent en triomphe à la fin de la course.

Fabrice Guy (dossard 3) et Sylvain Guillaume célèbrent avec leurs supporters leurs deux premières places dans le combiné nordique, Courchevel, le 12 février 1992. Pour offrir à la France, dans ces Jeux d'Albertville, son 1er titre et une médaille d'argent inattendue, Guy et Guillaume ont fini 3e et 13e en saut, 6e et 3e dans le 15 km individuel.

Le champion des bosses Edgar Grospiron en action sous la tempête de neige, le 13 février 1992.

Le Costaricain Alejand Preinfalk Lavagni, dernier du classement du slalom à plus de 3 minutes du vainqueur Finn Christian Jagge (à gauche) et du deuxième Alberto Tomba (à droite) qui le portent en triomphe, Les Ménuires, 22 février 1992.

Ci-dessus : Franck Piccard décroche l'argent dans la descente de Val d'Isère, le 9 février 1992.

Marie-Jo Pérec, patronne du 400 m

Vingt-quatre ans après Colette Besson, Marie-José Pérec devient championne olympique du 400 m, avec un nouveau record de France en prime (48''83).

Barcelone, mes premiers JO et le premier titre de Marie-José Pérec, à l'époque toute jeune, dont la détermination était sûrement supérieure à la technique et dont l'aisance devant le micro n'était pas la qualité première. Je crois pouvoir dire en toute modestie avoir toujours essayé de faire sortir ce qu'il y avait de meilleur chez mes interlocuteurs. Et je me rendais compte d'une chose : Pérec – et beaucoup d'autres sportifs et sportives à partir de son exemple – n'a jamais eu un mot sur son adversaire. Ce n'est pas de la méchanceté, c'est son caractère : son objectif était la médaille d'or. Je constate qu'il est plus difficile de parler de son adversaire chez les filles que chez les garçons. D'une façon générale pour moi, les interviews ont toujours été beaucoup plus faciles avec les garçons qu'avec les filles, tous sports confondus. Dès le départ, il paraît que Marie-Jo Pérec était sûre de son fait. Ce n'est pas la grosse tête, c'est autre chose, peut-être lié à la nature de la discipline, très solitaire. Pérec était toujours sur la défensive avec les journalistes, elle avait dès son plus jeune âge la peur que les gens soient là pour profiter d'elle. Elle était sur ses gardes tout au long de sa carrière, même dans ses heures de gloire et c'est pour ça que sur la piste, malgré ses succès, je ne pense pas qu'elle ait jamais été heureuse à 100 %. En tête à tête avec un journaliste, elle se sentait à l'aise, mais rien ne l'indisposait plus qu'une meute de journalistes autour d'elle, ce que je peux comprendre.

« La Gazelle » en fin de course après un ultime effort sur la ligne, finale olympique du 400 m, Barcelone, le 5 août 1992.

Suprématie américaine

Les USA remportent le 4 x 100 m (Mike Marsh, Leroy Burrell, Dennis Mitchell, Carl Lewis) en 37"40. Pour le finisseur du relais américain, déjà sacré en saut en longueur deux jours plus tôt, il s'agit de sa 8e médaille d'or olympique…

Extraordinaire moment, à l'issue de ce relais écrasé par « le King » et ses coéquipiers avec un record du monde à la clé, quand Carl Lewis vient, avec son drapeau américain autour des épaules, à mon micro. C'étaient mes premiers Jeux. Je faisais face au plus grand athlète du monde avec lequel, je ne sais même pas comment, j'avais réussi à créer un contact – il n'était pas toujours facile avec les médias, loin de là. Je sentais qu'il voulait dire quelque chose, et je lui ai dit : *« Carl, if you want to say something... »* Il regardait les étoiles et m'a dit : « Je pense à mon père qui est là-haut dans le ciel et qui veille sur moi ce soir. » Je débutais à la télévision, mais j'ai compris qu'il ne fallait rien ajouter à ça, sinon, forcément, l'émotion allait retomber. Donc l'interview a été très courte. Ces JO de Barcelone, je les ai considérés comme une sorte de porte-bonheur, et plus particulièrement cet entretien de Carl Lewis, parce que je me disais que si tout se passait tellement bien avec le meilleur athlète du monde, tout allait être toujours facile. C'est là que je me trompais... Et la leçon que j'en ai tirée est que c'est souvent plus aisé avec les grands qu'avec les moins grands ; peut-être est-ce pareil dans la vie. Commencer avec ces Jeux de Barcelone, d'autant que j'étais aussi sur la natation avec les grands nageurs américains, ça a été un cadeau du ciel !

De gauche à droite, Mike Marsh, Carl Lewis, Leroy Burrell et Dennis Mitchell célèbrent leur victoire et leur record du monde dans le relais 4 x 100 m, Barcelone, le 8 août 1992.

L'OM qui pleure, l'OM qui rit

Deux ans après avoir été défait par l'Étoile rouge de Belgrade à Bari (0-0, 5 tirs au but à 3), l'OM retrouve la finale de la Coupe d'Europe des clubs champions qu'il remporte face au Milan AC (1-0). Une première pour un club français – et pour le moment la seule – depuis 1956, date de création de la compétition.

Basile Boli soulevant la Coupe aux grandes oreilles, entre Rudi Völler (à gauche) et Pascal Olmeta (à droite), à l'Olympiastadion de Munich, le 26 mai 1993. Après ses larmes de Bari qui ont marqué les esprits, son but victorieux et sa joie à Munich restent à jamais dans les mémoires.

L'Olympique de Marseille – et tous ceux qui suivent ce club partagent cet avis – a perdu la finale qu'il devait gagner et a gagné la finale qu'il devait perdre ! Le héros malheureux s'est transformé en héros heureux. On pense évidemment aux larmes de Basile Boli, inconsolable à Bari, qui inscrit d'une tête rageuse le but vainqueur à Munich... L'Étoile rouge de Belgrade était une équipe dont le budget était certainement très inférieur à celui de l'OM et n'était pas favorite. Mais bon, c'était son jour... Pour l'OM, gagner la finale qu'il devait perdre face au Milan AC, deux ans plus tard, c'est aussi l'incertitude du sport ! Beaucoup de choses ont été dites sur ces deux matches, à l'époque de Tapie – surtout avec l'affaire OM-VA –, mais je ne crois pas qu'on puisse acheter une finale de Coupe d'Europe. Le fait qu'ils perdent contre l'Étoile rouge de Belgrade et qu'ils gagnent contre le Milan AC exclut l'hypothèse qu'ils aient pu acheter le match. Ce qui me touche, c'est Jean-Pierre Papin qui était dans l'équipe milanaise alors que c'était un ex-marseillais. J'aurais bien aimé le voir gagner au moins une fois, d'autant qu'il était capitaine de l'OM lors de la finale de 1991. Il a perdu les deux finales ! Lors de la deuxième, le « Neuf de cœur » (nom qu'il a donné à son association d'aide aux familles d'enfants souffrant de lésions cérébrales) est battu par son club de cœur...

Adieu l'Amérique !

Déjà pris en défaut, chez eux, par l'tIsraël (3-2) le mois précédent, les Tricolores sont crucifiés par la Bulgarie (2-1), toujours au Parc des Princes. La France est privée de Coupe du monde 1994. Catastrophique…

Les Bleus, sur leurs deux derniers matches des éliminatoires, n'ont qu'un point à prendre – donc un match nul est suffisant – afin de valider leur billet pour la Coupe du monde aux États-Unis. Lors de la rencontre contre la Bulgarie, c'est un coup du destin qui s'abat sur le Parc des Princes : d'un tir imparable sous la transversale, Emil Kostadinov, à deux secondes de la fin du temps réglementaire, exécute Bernard Lama et met fin à l'*American Dream* des Français. Kostadinov dont le nom, passé à la postérité, est devenu synonyme de héros national dans son pays et de bourreau national dans le nôtre ! Qu'on ait un point seulement à prendre sur deux matches à domicile contre la modeste sélection d'Israël et la Bulgarie… La France à l'époque, entraînée par Gérard Houiller, c'est quand même Éric Cantona, Jean-Pierre Papin ou encore David Ginola… Et dire qu'avant le revers contre les Israéliens, la sono du stade diffusait « L'Amérique » de Joe Dassin ! Ça corrobore ce que j'ai déjà dit, à savoir que le statut de favoris ne nous sied aucunement et qu'on n'est jamais meilleurs que lorsque l'on se place comme outsiders. Je regrette également la sortie de Gérard Houiller, qui est quelqu'un que j'aime beaucoup, mais qui dérape en désignant de manière abusive Ginola comme le bouc émissaire. Incontestablement, cette élimination constitue l'un des plus grands traumatismes de l'histoire du football français. Cela et la piètre performance des Bleus lors de la Coupe du monde 2010 en Afrique du Sud, assortie de l'inimaginable grève du bus – les joueurs refusant une séance d'entraînement – que provoque l'exclusion de Nicolas Anelka.

David Ginola, l'un des acteurs malheureux du match France-Bulgarie, le 17 novembre 1993.

Les Jeux de la Norvège

Tout vient à point à qui sait attendre : dix ans après sa première participation aux JO, le patineur Dan Jansen obtient la victoire dans le 1 000 m à Lillehammer. Toutes disciplines confondues, la Norvège comptabilise pas moins de 26 podiums durant ces Jeux scandinaves ! Parmi ses champions, le Norvégien Johann Olav Koss qui gagne 3 médailles d'or en patinage de vitesse ou le skieur de fond Bjørn Erlend Dæhlie qui est titré 2 fois (10 km et 15 km poursuite).

Dan Jansen, l'Américain, remporte enfin le titre olympique. Marqué, les années précédentes, par une série de défaites sportives et de tragédies personnelles, le double champion du monde de sprint a dû ainsi attendre sa dernière course olympique pour décrocher l'or... Il gagne là où on ne l'attendait pas. Il fait le tour d'honneur

Johann Olav Koss (à gauche) et l'Allemand Frank Dittrich (à droite) en course, lors du 10 000 m, Hamar Olympic Hall, le 20 février 1994. Avec un record du monde de 13'30"55, il remporte sa 3e médaille d'or, après celles du 1 500 m et du 5 000 m, chacune réhaussée aussi d'un fabuleux record mondial.

avec son petit enfant dans les bras, et c'est un conte de fées de Hollywood ! Quant à la Norvège, ce sont ses JO dans tous les sens du terme avec des héros tels le patineur de vitesse Johann Olav Koss qui s'offre 3 médailles d'or et 3 records du monde ! Il y a aussi le skieur de fond Bjørn Erlend Dæhlie qui remporte 2 médailles d'or (10 km et 15 km poursuite). Avec son côté un peu rebelle que j'aime beaucoup, il s'était pas mal opposé au train de vie du CIO et a été le héros de tout le pays. D'ailleurs, j'ai rarement vu un public aussi exceptionnel que les Norvégiens, qui ont mérité ce qu'ils ont eu. Leurs champions ont tout cassé, faisant 26 podiums, toutes disciplines confondues. On peut citer par exemple Kjetil André Aamodt, Lasse Kjus... Il y avait un partage et une foi extraordinaires du public local. C'étaient des Jeux magnifiques ! Pour ceux qui ont eu la chance d'y assister, cela reste encore aujourd'hui les plus beaux JO d'hiver. Je souscris à ça, et je mettrais ensuite ceux de Vancouver et de Nagano.

Bjørn Erlend Dæhlie sur les épaules de l'Italien Silvio Fauner (bronze), à gauche, et du Kazakh Vladimir Smirnov (argent), à droite, fête sa victoire dans le 15 km poursuite, le 19 février 1994. Dans ces Jeux à domicile, il gagne aussi le 10 km et obtient l'argent en 30 km ainsi qu'en relais.

Tour d'honneur pour Dan Jansen avec sa fille Jane (8 mois et demi) après sa victoire dans le 1 000 m, Hamar Olympic Hall, le 18 février 1994.

Rebelle et Fidèle

À 22 ans, Philippe Candeloro obtient la médaille de bronze à Lillehammer, 1re médaille pour le patinage français depuis Patrick Péra aux JO d'hiver de Sapporo en 1972 !

Je ne connaissais pas encore beaucoup Philippe qui était jeune et un peu chien fou. Je me disais qu'il était un peu « brut de décoffrage » et qu'il avait le melon, à l'instar de ce que j'avais pensé d'Edgar Grospiron deux ans avant. Là aussi, je me trompais. Au fil des années, Philippe est non seulement devenu notre consultant vedette et surtout un véritable ami, un petit frère. C'est vraiment quelqu'un dont je me sens très proche, je sais que la réciproque est vraie. Aujourd'hui, on forme tous les deux ce duo de commentateurs dont plein de gens me parlent. Je ne pouvais pas imaginer cela un seul instant à l'époque. C'est un garçon qui s'est aujourd'hui considérablement affiné, c'est un adulte, un père de famille, un super type. Il a eu une grande carrière avec une belle constance. Elle aurait pu être plus importante, mais il faut dire qu'il est tombé sur une sacrée génération de patineurs avec les Urmanov, Stojko, Kulik... Contrairement aux idées reçues, c'était un vrai bosseur. Il a su résister aux sirènes extérieures, en restant fidèle au couple qu'il formait avec son entraîneur André Brunet – homme charmant et gentil qu'il appelle « Papy Brunet » – et à son club de Colombes. Philippe a écrit un livre qui s'appelle *Candel, rebelle et fidèle*. Pour moi, ce sont deux très jolis mots de la langue française et il les porte admirablement.

Philippe Candeloro lors de son programme libre qu'il exécute avec succès sur la musique du film *Le Parrain*, Lillehammer, en février 1994.

Bel Argent sur glace

Aux Championnats du monde de patinage artistique organisés au Japon, 3 médailles d'argent tombent dans l'escarcelle des Français grâce à Philippe Candeloro, Surya Bonaly et le couple Sophie Moniotte-Pascal Lavanchy.

Très beau tir groupé des patineurs français, à commencer par Philippe Candeloro qui, un mois après son exploit olympique de Lillehammer (médaille de bronze), récidive en s'emparant de la médaille d'argent mondiale. Belle prouesse aussi de Sophie Moniotte et Pascal Lavanchy, couple de danse injustement oublié depuis. Pour Surya Bonaly, la médaille d'argent est très malheureuse : battue par la Japonaise Yuka Sato, elle a toujours estimé avoir été volée par les juges.

Les vice-champions du monde français de patinage artistique et de danse sur glace posant avec leurs médailles d'argent, en mars 1994. De gauche à droite : Surya Bonaly, Philippe Candeloro, Sophie Moniotte et Pascal Lavanchy.

Le Grand Prix de la Mort

Sur le circuit d'Imola, le lendemain du décès de Roland Ratzenberger survenu lors des essais, Ayrton Senna se tue à son tour au cours du Grand Prix de Saint-Marin.

J'ai toujours eu une immense admiration pour les talents de pilote du regretté Ayrton Senna. Le 1er mai 1994, quand il a eu son accident mortel à Bologne, la Formule 1 a énormément perdu ce jour-là. D'ailleurs, les audiences de la Formule 1 sont en baisse constante depuis. Senna n'était pas loin d'être irremplaçable et ses trois titres mondiaux auraient dû être les premiers d'une série beaucoup plus longue. Ce n'est pas porter ombrage à Michael Schumacher que de dire que si Senna n'avait pas eu son accident, jamais l'Allemand n'aurait eu sept titres de champion du monde.

Une image qui a fait le tour du monde : la Williams-Renault du triple champion du monde brésilien rebondit à plus de 250 km/h sur le mur de béton dans la courbe de Tamburello. La violence de l'impact s'avère fatale pour Senna qui meurt quelques heures après. Un dimanche noir.

28 ans après Killy

Consécration pour Luc Alphand dans la descente mythique du Hahnenkamm : il enlève dans la journée les 2 courses qui se disputent à Kitzbühel !

Je tire mon chapeau à Luc Alphand qui remporte deux fois dans la journée la descente la plus difficile au monde, sur territoire autrichien. Luc est devenu un pilote de course émérite, c'est un casse-cou qui a eu – outre quelques chutes en ski – pas mal d'accidents en quatre roues et deux roues, dont un a failli le laisser sur le carreau. Il était très entreprenant, c'était plutôt un leader. Dans l'équipe des « Top Gun », Luc avait par exemple beaucoup plus de personnalité que Franck Piccard. Il n'a pas eu de médaille olympique, c'est son grand regret, mais il a connu beaucoup de satisfactions en dehors du ski. Il fait des pubs, des promos, il mène une vie très remplie. Cette double victoire à Kitzbühel est le plus grand exploit de sa carrière. C'est remarquable et dans la lignée de Jean-Claude Killy.

Luc Alphand en action lors de l'une de ses deux descentes de Kitzbühel, le 14 janvier 1995. Second français à dompter la légendaire « Streif », il marque doublement l'histoire de la piste la plus difficile, la plus rapide et la plus dangereuse du monde. Sacré exploit pour « Lucho » !

Victoire aux antipodes

À Melbourne, en dominant Arantxa Sánchez en 2 sets (6-3, 6-2), Mary Pierce est la première Française à gagner les Internationaux d'Australie.

Première victoire dans un tournoi du Grand Chelem pour Mary Pierce ! Je suis content de saluer Mary Pierce qui n'a jamais été la joueuse la plus aimée des Français. On lui reprochait d'être un petit peu maniérée, mais j'ai toujours eu de supers rapports avec elle et sa maman. Sa carrière est un peu curieuse parce qu'elle a eu moins de retentissement que celle d'Amélie Mauresmo. Peut-être Pierce avait-elle moins de charisme que Mauresmo ? Je n'en sais rien, mais j'ai toujours considéré Pierce comme une fille très bien élevée, très souriante, très sympa. On lui reprochait sa façon de s'exprimer, mais elle ne forçait pas, elle était franco-américaine ! Je trouve qu'on a souvent été injuste avec elle. C'est une joueuse que j'ai toujours appréciée. J'étais là quand elle a gagné Roland-Garros en 2000 et je crois pouvoir dire que jamais je n'ai vu autant d'extase chez un sportif que le jour où Mary a gagné ce tournoi. Gagner Roland-Garros était une sorte de libération, d'autant qu'elle avait, en 1994, été battue en finale par Arantxa Sánchez. La même Arantxa Sánchez contre laquelle elle prend sa revanche en remportant cet Open australien.

Mary Pierce servant lors de sa finale de l'Open d'Australie contre l'Espagnole Arantxa Sánchez, Melbourne, le 28 janvier 1995.

5 sur 5

À Dortmund, la patineuse Surya Bonaly est sacrée championne d'Europe pour la 5e fois consécutive.

Cinquième et dernier titre de championne d'Europe, qui prouve une constance exceptionnelle de la part de Surya Bonaly au niveau européen, malheureusement pas confirmée au niveau mondial. Elle n'est jamais montée sur le podium olympique. Elle a été volontairement empêchée au plus haut niveau, hélas, souvent par des juges qui lui reprochaient de privilégier la technique sur l'artistique, mais aucune de ses concurrentes n'était capable de faire les sauts qu'elle réalisait. Je pense qu'elle aurait pu être au moins une fois championne du monde et, certainement, au moins une fois médaillée olympique.

Surya Bonaly au début de son programme court, Dortmund, le 4 février 1995.

Sous un terrible déluge, le XV de France aura repoussé les Sud-Africains dans leurs derniers retranchements lors d'une demi-finale restée dans toutes les mémoires (19-15), Durban, le 17 juin 1995.

Un trophée pour Mandela

Les Springboks reçoivent des mains de Nelson Mandela la Coupe du monde gagnée en finale face aux All Blacks (15-12). La France, éliminée en demi-finale par le pays hôte (19-15), se classe 3e en battant l'Angleterre (19-9).

Cette Coupe du monde me laisse encore un goût très amer. Les amateurs de rugby savent que tout avait été fait pour que les Springboks gagnent cette compétition. Entre cette demi-finale contre les Français où l'on refuse un essai à Abdelatif Benazzi – et où un essai non valide des Sud-Africains est accordé – et la finale contre la Nouvelle-Zélande où l'on a dit que des orchestres avaient joué toute la nuit devant l'hôtel des Blacks pour les empêcher de dormir et qu'on les avait empoisonnés avec un potage... La finale extrêmement décevante, sans essai, n'a pas apporté grand-chose au rugby sud-africain. En revanche, elle a apporté énormément à l'Afrique du Sud. C'était sans doute leur tour, mais de cette manière-là, j'aime un peu moins...

François Pienaar (à droite) reçoit le trophée Webb Ellis des mains du président Nelson Mandela, Johannesburg, le 24 juin 1995. L'emblématique capitaine des Springboks a su conduire ses troupes jusqu'au titre, symbole de l'unité enfin trouvée de son pays.

Le *Gentleman* triple sauteur

Incroyable Jonathan Edwards ! L'Anglais devient champion du monde en sautant 18,29 m – après avoir déjà atteint 18,16 m à son 1er essai ! – aux Championnats de Göteborg.

C'était un vrai *gentleman* qui faisait penser un peu à Eric Liddell, surnommé « l'Écossais volant », immortalisé dans *Les Chariots de feu*. Là, on est face à quelqu'un avec des qualités de cœur, des qualités humaines, un respect de l'adversaire. Si jamais le *fair-play* britannique, soumis parfois à singulière épreuve, a voulu dire quelque chose, je pense que Jonathan Edwards en est l'un des héros. Et battre deux fois le record du monde dans le même triple saut, alors qu'il n'est même pas obligé de resauter, c'est faire preuve d'un réel respect du public, d'un réel respect des adversaires et d'une grande classe. Un sans-faute ! C'est tout juste si je n'entends pas la célèbre musique de Vangelis lorsque je le revois en train de sauter...

Jonathan Edwards en route vers des contrées inconnues, Göteborg, le 7 août 1995. Après le premier homme à avoir marché sur la Lune, voici le premier homme à avoir franchi la barre des 18 m au triple saut !

L'Homme qui courait en souriant

Haile Gebreselassie, champion et recordman du monde du 10 000 m, accomplit l'un des plus grands exploits de l'histoire de l'athlétisme. Lors du 5 000 m du meeting de Zurich, l'Éthiopien pulvérise, en 12'44"39, le record mondial de Moses Kiptanui.

Pour moi, Haile Gebreselassie est l'un des plus grands athlètes de l'histoire. Outre évidemment ses qualités sportives exceptionnelles, c'est un champion humainement extraordinaire, avec une vraie gentillesse, un vrai sourire. Il n'a jamais eu le moindre propos déplacé pour un adversaire, toujours sincèrement souriant. Gebreselassie est aujourd'hui un dieu dans son pays, dont il est l'ambassadeur par excellence, aidant les jeunes Éthiopiens, finançant leurs études et leur sport. Pour moi, ce n'est pas loin d'être un homme quasi parfait, alors si en plus on y ajoute ses performances physiques ! Puisqu'il a également été marathonien, à plus d'un titre, sa carrière a été exemplaire. Un homme qui, sur un 5 000 m, est capable, après 4 600 m de course, de faire 55 secondes aux derniers 400 m… Ce qui est un temps de sprint aux 400 m pour beaucoup ! Qu'un record soit battu de 11 secondes n'était jamais arrivé, et je crois que cela n'arrivera plus jamais, puisque plus les records baissent, plus ils sont difficiles à pulvériser.

12'44"39 sur le tableau d'affichage, derrière lequel pose Gebreselassie, tout sourire, le 16 août 1995 : le record du Kényan Moses Kiptanui est amélioré de près de 11 secondes, du jamais-vu sur cette distance !

Le Palmarès le plus fourni

Shannon Miller, double médaille d'or (en poutre et par équipe) à Atlanta, devient la gymnaste américaine la plus titrée : ayant déjà obtenu 2 médailles d'argent et 3 de bronze à Barcelone, elle compte aussi 5 titres de championne du monde (plus 3 d'argent et 1 de bronze).

Shannon Miller obtient non seulement la médaille d'or individuelle, mais aussi la médaille d'or par équipe. Le public américain était complètement sous le charme de ces petites gymnastes avec beaucoup d'allure, sachant parfaitement jouer avec lui, ce qui n'est pas rien notamment quand il s'agit de sport d'équipe. Parce que les juges ne sont pas complètement insensibles à 15 000 personnes qui hurlent dans l'arène. Très jolie victoire, même si en gymnastique, il y a parfois un côté trop « petite fille ». Ce qui me gêne, c'est qu'elles ont parfois un aspect un peu atrophié, on a l'impression qu'on les empêche de grandir pour ne pas qu'elles pèsent trop lourd, pour avoir moins de mal avec les barres, etc. C'est la seule chose qui me gêne : cette très petite taille forcée des gymnastes. La plupart d'entre elles mesurent moins d'1,50 m !

Shannon Miller multiplie les enchaînements à la poutre, lors de la finale du programme individuel, Atlanta, le 29 juillet 1996.

Le Doublé de Pérec

Exploit inédit : trois jours après avoir conservé son titre olympique du 400 m, « la Gazelle » Marie-Jo Pérec s'adjuge celui du 200 m.

Pérec triomphe et bat donc la Jamaïcaine Merlene Ottey sur 200 m. Autant sa victoire sur 400 m était prévisible – elle conserve son titre –, autant le 200 m était un défi qu'elle n'était même pas sûre de vouloir relever quelques mois avant. On retrouve ici ce que je disais précédemment sur Marie-Jo : pas un mot sur Ottey, pas un regard, rien. Ottey n'a jamais été championne olympique et elle est battue ici d'un cheveu. Marie-Jo Pérec est une gagneuse telle que je n'en ai jamais vu. Ce 200 m, c'était un vrai pari. Et elle le gagne. Pérec est la plus grande athlète française du XXe siècle. Elle a trois médailles d'or olympiques et je suis profondément persuadé qu'elle aurait obtenu la quatrième à Sydney. Tous ses temps étaient bien meilleurs que ceux de l'Australienne Cathy Freeman, mais pour une raison qu'on ne connaîtra probablement jamais, elle a pris peur de priver l'Australie d'une médaille d'or. C'est une fille un peu tourmentée, donc je crois à cette version. Le harcèlement des médias et de la presse a peut-être aussi joué, mais, comme c'est une fille fragile, elle a eu peur que quelqu'un l'agresse... ou pire ! C'est possible. Elle était quand même partie s'entraîner à Rostock, en ex-Allemagne de l'Est, qui était une ville sombre et grise, pendant un an avec un seul objectif : les 400 m des JO de Sydney. Arrivée sur place, elle renonce deux jours avant ? C'est du jamais-vu dans l'histoire du sport. Et sa sortie est tellement triste que ça a terni l'ensemble de sa carrière, et c'est très injuste. Pour une personne qui a une telle force mentale, ça reste un grand mystère.

La double championne olympique brandit fièrement le drapeau tricolore, après sa victoire dans le 200 m, Atlanta, le 1er août 1996.

Toujours derrière Merlene Ottey à 10 m de la ligne d'arrivée, Pérec coiffe la Jamaïquaine sur le fil, lors de la finale du 200 m, Atlanta, le 1er août 1996.

Galfione au sommet

Jean Galfione devient champion olympique de saut à la perche en franchissant 5,92 m, nouveau record olympique.

C'était son soir, ajouté au fait – je me souviens très bien des détails – que son adversaire russe, Igor Trandenkov, a tactiquement mené le plus mauvais concours qu'on ait jamais vu. C'est-à-dire que ce dernier se réserve, alors qu'il est devant au nombre d'essais. Ayant raté ses deux premières tentatives à 5,86 m, il fait une impasse catastrophique sur sa troisième qui amène la barre au record olympique. Il tente et réussit à 5,92 m, mais Galfione en fait de même dès son premier essai. Le Russe rate ensuite ses tentatives à 6,02 m et le titre revient donc au Français. Je ne dis pas que ce n'est pas mérité, c'était son soir. J'ai beaucoup de sympathie pour Galfione. C'est un gars qui aurait tout pour être une super star : très beau garçon, très sympa, il a de l'éducation, il pourrait faire du cinéma. Maintenant, je crois qu'il s'intéresse beaucoup à la voile, c'est un équipier modeste, valeureux. C'est quelqu'un que la gloire et la popularité n'ont jamais changé et surtout n'ont jamais intéressé. Trois ans plus tard, il sera le premier Français à franchir la barre des 6 m aux Championnats du monde *indoor* de Maebashi (Japon). C'est donc une carrière qui s'étale sur quinze ans, pas seulement un titre olympique, un peu comme Renaud Lavillenie aujourd'hui.

Jean Galfione décolle à destination du panthéon olympique, Atlanta, le 2 août 1996.

Woods le recordman

Pour sa première participation, Tiger Woods remporte son 1er Masters. Multipliant les records, il réalise un score de 270 (-18), avec un écart de 12 coups sur le 2e !

C'est l'éclosion du jeune champion qui gagne avec notamment un record de coups d'avance. Ça se voit que ça va être un très grand parce que c'est un garçon formidablement intelligent, qui sait exactement comment mener chacun de ses parcours. Ce n'est pas un attaquant-né, pas un risque-tout. C'est un exploit retentissant et on pouvait percevoir que ce Masters 1997 serait le premier d'une très longue série. Une série un peu en pointillés toutefois parce que sa vie privée n'a pas toujours été à la hauteur de son golf. Il a eu un divorce très difficile : avec sa femme, ça s'est terminé avec des coups de club de golf sur sa voiture. Forcément, ça déstabilise énormément un champion ! Malgré plusieurs blessures au dos, il n'est pas impossible que Tiger Woods renaisse de ses cendres À l'instar de son retour en force entre 2011 et 2013. Et puis c'était aussi la première victoire d'un « Black » à Augusta qui est quand même une terre du Sud... Il y a eu quelques joueurs noirs dans le passé, mais pas de ce niveau.

Tiger Woods drive au départ de 1er trou, dans le 3e tour du Masters d'Augusta, le 12 avril 1997. À 21 ans, il devient le plus jeune golfeur à avoir remporté le prestigieux tournoi.

La Force brute

Dans la descente olympique de Nagano, épreuve remportée par le Français Jean-Luc Crétier, Hermann Maier est victime d'une terrible chute. Même pas mal ! En témoigne le double exploit qu'il réalise les jours suivants...

C'est l'exemple type d'un garçon qui n'a peur de rien, une sorte de bûcheron autrichien. Hermann Maier ne faisait pas le slalom spécial, mais plutôt les épreuves de vitesse. Et la chute est énorme, on ne peut pas penser qu'il va se remettre sur pied 48 heures après et qu'il va gagner deux médailles d'or derrière ! Maier, je l'ai rencontré une ou deux fois, c'était un type un peu brut de décoffrage, mais d'une telle détermination... Il y a un point commun entre tous ces champions, c'est une incroyable volonté. Hermann Maier c'est la force brute. Il a été l'un des meilleurs spécialistes du super-G, sorte de compromis entre la descente et le slalom géant, créé dans les années 1980. Certaines personnes trouvent que c'est une discipline en trop dans les épreuves de ski alpin, sûrement pas « Herminator » !

En ce 13 février 1998, l'envol de Maier, magnifique, est involontaire, l'atterrissage, fracassant, l'est tout autant. Le skieur autrichien s'en sort suffisamment indemne pour enlever juste après la victoire en super-G et en slalom géant.

ATOMIC
asics
ATOMIC
asics
4

Et 1, et 2, et 3-0 !

En dominant chez elle le Brésil en finale (3-0), la France de Deschamps et Zidane devient enfin championne du monde de football. C'est la 1re et unique fois, à ce jour, que les Bleus décrochent le titre suprême.

Tant de choses ont été écrites sur cette finale. J'étais en Corse à ce moment-là et un ami me téléphone le dimanche matin en me disant qu'il avait une place pour la finale. J'ai quand même réussi à venir, ce n'est pas tous les jours qu'on assiste à une finale de Coupe du monde ! La place était derrière la cage où les deux premiers buts français ont été marqués. C'est un souvenir extrêmement vivace, un bonheur communicatif, un moment de grâce absolue. Tout a été dit, je n'ai pas grand-chose à ajouter. Il y a des moments qui dépassent le sport et c'en était un. Même si l'équipe du Brésil était, à l'image de celle de 1994, encore une fois surcotée. Elle s'impose en demi-finale contre les Pays-Bas aux tirs au but, et je pense que pour l'équipe de France, il valait mieux rencontrer le Brésil que les Hollandais. Paradoxalement, la finale n'a pas été extraordinaire, il n'y a pas eu beaucoup de suspens, c'était peut-être le match le plus facile des Bleus durant toute la Coupe du monde. Il y a eu des étapes marquantes comme la demi-finale avec Lilian Thuram contre la Croatie ou le but en or de Laurent Blanc contre le Paraguay. La garden-party du 14 juillet à l'Élysée était le surlendemain et Chirac, qui avait invité les Bleus, avait pris la parole : « Je voudrais saluer tous les jeunes (...) et je leur fais le plus beau cadeau dont ils puissent rêver : l'équipe de France. L'équipe de France et la Coupe de France ! Euh, non, la Coupe du monde, pardon ! » Il faut quand même reconnaître que sur le plan du jeu, la France a été meilleure deux ans après, lors de l'Euro aux Pays-Bas.

Impressionnant télescopage entre Fabien Barthez et le Brésilien Ronaldo, en finale de la Coupe du monde, Stade de France, Saint-Denis, le 12 juillet 1998.

Devant les 80 000 spectateurs du Stade de France, les joueurs et le staff tricolores célèbrent leur victoire, le 12 juillet 1998.

Sur un corner d'Emmanuel Petit, Zinedine Zidane ouvre le score en incrivant un 1er but de la tête à la 27e minute, Stade de France, Saint-Denis, le 12 juillet 1998. Peu avant la mi-temps, toujours sur corner, il sera l'auteur d'une nouvelle tête décisive. En fin de match, un 3e but de Petit viendra parfaire le score.

FILM

Après la pluie...

La 3e occasion est la bonne pour Andre Agassi : après deux défaites en finale en 1990 et 1991, l'Américain remporte enfin Roland-Garros en battant l'Ukrainien Andreï Medvedev (1-6, 2-6, 6-3, 6-4, 6-4). Il intègre le cercle très fermé des joueurs ayant inscrit leur nom au palmarès des 4 tournois du Grand Chelem.

Andre Agassi est très ému, réalisant qu'il vient de remporter Roland-Garros, le 6 juin 1999. Et dire qu'après une saison difficile, il envisageait de ne pas participer à cette épreuve !

C'était un match qui restera dans les annales. Roland-Garros 1999, avec la dernière victoire de Steffi Graf contre Martina Hingis et celle d'Andre Agassi aux dépens d'Andreï Medvedev, constitue certainement l'une des plus belles éditions de ce tournoi. C'est d'ailleurs celle-ci qui a scellé leur union naissante. Là aussi, j'ai tendance à employer souvent cette expression : « C'était son jour. » Pourtant, Agassi a été balayé dans la première manche. Au début du deuxième set, survient la pluie qui entraîne la suspension de la partie durant 15-20 minutes. S'il est ô combien aléatoire de juger de l'influence de ce genre d'interruption sur le scénario d'un match et même si ça ne s'est pas ressenti immédiatement – puisque l'Américain perd aussi ce set –, je suis persuadé que cela l'a requinqué et lui a permis de parler avec son coach, de se remobiliser, notamment pour un terrible troisième set qu'il remporte avec les tripes. À partir de là, on a vu un tout autre match, qui débouche sur une égalisation à deux sets partout et sur cette fin fabuleuse, Medvedev sauvant trois balles de match sur son service avant qu'Agassi serve dans le jeu suivant pour le match. Finalement, ce dernier s'adjuge le match en gagnant moins de jeux que son adversaire... S'il n'y avait pas eu cette interruption, Medvedev aurait-il gagné le tournoi ? Nul ne le sait. Pour ceux qui ont eu le privilège d'y assister, c'était un moment extraordinaire. Le visage d'Agassi quand il gagne le match, c'est quelque chose... Il y a tout dans son regard : émotion, bonheur... Il a l'air de ne pas y croire. Oui, il est profondément ému. C'est vrai que de faire une interview d'un joueur aussi comblé, ça a beaucoup compté pour moi.

Une occasion tombée à l'eau

Colossale déception pour Jean Van de Velde : quasiment assuré d'une victoire à l'Open britannique, le Français accumule les erreurs au 18e trou et voit la victoire lui échapper de peu.

Cette année-là, le British Open se dispute sur le parcours de Carnoustie, en Écosse. Il faut se rappeler qu'un Français n'a alors pas gagné un tournoi du Grand Chelem de golf depuis Arnaud Massy en 1907 ! Ce constat malheureux est, à ce jour, encore valable... Jean Van de Velde se présente à l'attaque du dernier trou avec trois coups d'avance, autant dire que le tournoi est gagné, le commentateur anglais sur la BBC commence à siffloter la « Marseillaise ». Surtout que ce 18e trou, que j'ai joué, n'est de loin pas le plus difficile. Il peut même se permettre un double bogey pour remporter la victoire. Un peu trop offensif, il enchaîne les catastrophes, peut-être à cause de la pression, toujours est-il que la balle échoue dans l'eau. Finalement, il décide de ne pas la jouer dans l'eau, il prend une pénalité, et réalise un triple bogey sur ce dernier trou. Il part en *play-off* et perd le tournoi. Je crois que jamais pareille opportunité ne s'est présentée à un joueur de golf français. Là, Van de Velde savait bien qu'il n'aurait plus d'occasion et il n'en a pas eu. Ainsi va la vie dans le sport. S'il faut qualifier cette journée, c'est celle d'une occasion perdue. Une occasion pour la vie.

Jean Van de Velde hésite à jouer la balle malencontreusement tombée dans l'eau, le 18 juillet 1999. Finalement, il préfère dropper la balle et prendre une pénalité. Il terminera 2e de l'épreuve et ne gagnera pas de tournoi avant l'Open de l'île de Madère en 2006.

Un exploit du rugby français

Au cours d'une superbe demi-finale de Coupe du monde, la Nouvelle-Zélande craque à Twickenham, malmenée par le beau jeu des Français (31-43). Une victoire sans suite pour les Bleus qui seront défaits en finale par l'équipe australienne (13-35).

Peut-être l'un des plus grands exploits du rugby français, si ce n'est le plus grand. Suite à un nouvel essai de l'inarrêtable Jonah Lomu, le XV de France est mené 24 à 10 en début de seconde période. Les Français vont alors réaliser une mi-temps d'anthologie, parvenant à renverser la vapeur et gagnant assez confortablement. On se souvient d'actions d'éclat, notamment de Christophe Dominici, de Richard Dourthe et de Philippe Bernat-Salles. Ce qui est dommage, c'est que ce match n'ait pas été une finale. L'expression « finale avant la lettre » convient parfaitement à cette rencontre. Après, la semaine suivante a apporté son lot de sollicitations, l'influx nerveux a un peu disparu, avec pour résultat une correction de la part de l'Australie en finale. Je dirais, encore une fois, que c'est un petit peu, hélas, souvent à l'image du sport français. Il arrive qu'on crée des surprises – parce qu'ici, ça a en a été une phénoménale ! –, comme outsider, puis on s'incline. Perdre une finale, c'est parfois ce qu'il y a de plus difficile et, aujourd'hui, on en est à trois perdues en Coupe du monde de rugby.

Fabien Galthié, Stéphane Glas (21) et Thomas Castaignède (20) tentent de stopper le phénomène Jonah Lomu, lancé tel un autobus, le 31 octobre 1999.

Un Bleu se saisit du ballon lors d'une touche, devançant le Néo-Zélandais Reuben Thorne lors de la demi-finale opposant les Français aux All Blacks, le 31 octobre 1999.

Au paradis !

Mary Pierce décroche le Graal ! Après sa défaite en 1994 contre Arantxa Sánchez-Vicario, la Française tient sa revanche en gagnant la finale de Roland-Garros face à une autre Espagnole, Conchíta Martinez (6-2, 7-5).

Paradis est vraiment le mot pour Mary Pierce ce jour-là ! Même si elle avait gagné l'Open d'Australie en 1995, ça n'avait pas eu le même impact que cette victoire en juin 2000 à Roland-Garros. J'ai rarement vu autant de bonheur chez une jeune sportive. Elle était opposée à quelqu'un qui n'était pas n'importe qui : Conchíta Martinez, et sur terre battue ! C'est certainement la plus grande victoire de sa carrière. Pierce agaçait un peu les gens mais, au fond d'elle, c'était une gentille fille qui n'a pas toujours eu la vie facile, notamment avec son père.

Marie Pierce peut exulter de joie à l'issue de la finale de Roland-Garros, le 3 juin 2000. Première Française à remporter la Coupe Suzanne-Lenglen depuis Françoise Durr en 1967, elle a effectué un parcours remarquable après avoir battu notamment Monica Seles en quarts (4-6, 6-3, 6-4) – Mary effectuant ce jour-là un point gagnant entre les jambes mémorable – et Martina Hingis en demies (6-4, 5-7, 6-2).

On ne sait jamais...

À Rotterdam, l'Italie s'incline en finale de l'Euro devant les Bleus (2-1), revenus miraculeusement au score dans les dernières secondes et vainqueurs par mort subite dans les prolongations. La France est la première sélection de l'histoire à réussir un doublé Coupe du monde – Championnat d'Europe, la RFA l'ayant réalisé dans l'autre sens (1972-1974).

Très grand moment qui prouve qu'il faut toujours y croire ! L'Italie ouvre le score en début de seconde période. Les Italiens menant et fermant le jeu, comme ils savent si bien le faire, la tâche est compliquée pour les Bleus pour lesquels égaliser semble très improbable. Et pourtant... Alors qu'on se dirige vers le coup de sifflet final et que l'heure est déjà aux célébrations du côté de la Squadra Azzurra, le miracle se produit grâce à un but de Sylvain Wiltord à la 93e minute ! C'est déjà un truc de fou ! Alors, derrière... ce but en or magnifique, inscrit dans les prolongations par David Trezeguet, à la 102e minute... Reprenant un centre en retrait de Robert Pirès, l'attaquant français fait un petit pas en arrière, ajuste une formidable reprise de volée du pied gauche qui propulse le ballon dans la lucarne de Francesco Toldo. Là, on se dit qu'il y a vraiment des moments en or – c'est le cas de le dire ici –, des moments de gloire dans le football. Je ne trahis pas un secret en disant que les Français étaient peut-être encore plus heureux ce jour-là qu'en 1998. Ils avaient atteint une forme exceptionnelle d'épanouissement. Certes, ils ont eu beaucoup de réussite en égalisant à la dernière seconde, mais ils n'ont pas lâché. Je me souviens de Thierry Roland qui commentait le match et qui disait : « On ne sait jamais, on ne sait jamais ! » Immense moment pour le sport français ! À partir de cette défaite, on a dit que les Italiens avaient inventé un nouveau sport national qui consistait à reboucher les bouteilles de champagne !

Gooooold ! Le but en or de David Trezeguet, sur une superbe reprise de volée, plombe définitivement le sort du match, au grand dam des Italiens. Seize ans après, la bande à Zidane rejoint ainsi celle de Platini au palmarès de l'Euro.

La Locomotive de Waco

Aux jeux Olympiques de Sydney, Michael Johnson reste sur les bons rails puisqu'invaincu sur l'épreuve phare du 400 m. Il remporte ainsi la 4e médaille d'or olympique de sa carrière, après celles obtenues sur le 4 x 400 m à Barcelone (1992) et lors de son doublé 200 m-400 m à Atlanta (1996).

Coureur exemplaire que ce Michael Johnson. Extrêmement préparé. Assez secret, pendant les interviews, il ne se livrait pas trop alors qu'il est devenu consultant sur la BBC et qu'il est parfait dans ce rôle. Il y a une sorte de chemin de Damas chez lui qui fait qu'aujourd'hui on a l'impression que ce n'est pas le même type. Il a réussi une belle reconversion. Je le croise souvent dans les allées, il est toujours très agréable, a toujours un petit bonjour. Et comment ne pas se souvenir qu'il alternait avec bonheur 200 m et 400 m, et non pas 100 m et 200 m (ce qui est l'apanage de tous les sprinters) !

Michael Johnson au départ de la demi-finale du 400 m aux JO de Sydney, le 24 septembre 2000. Dans ces mêmes Jeux – qui sont ses derniers –, Johnson remporte aussi une 5e médaille d'or sur le relais 4 x 400 m. Néanmoins, le sprinteur américain la rendra, en 2008, avant qu'on ne la lui réclame, en apprenant que l'un de ses coéquipiers, Antonio Pettigrew, se dopait à l'époque.

Courant dans le couloir n° 6 (au milieu), Michael Johnson s'impose en finale du 400 m, Sydney, le 25 septembre 2000. Il devance son compatriote Alvin Harrison (tout à droite) et le Jamaïcain Gregory Haughton (tout à gauche). Le Sud-Africain Hendrick Mokganyetsi (dossard 2846) termine 7e de la course tandis qu'Antonio Pettigrew (dossard 3307) est avant-dernier (avant d'être disqualifié pour dopage).

Au-delà du sport

Après avoir été champion d'Europe (1994), champion du monde (1995 et 1997), champion olympique (1996), David Douillet achève en beauté sa carrière sportive en conservant son titre aux JO de Sydney.

Je dis souvent qu'il y a certains exploits qui dépassent les sportifs qui les accomplissent. David Douillet est devenu en quatre ans, entre 1996 et 2000, le héros du sport français, dans une discipline qui est vraiment olympique. En plus, au cours de sa carrière, il a été quadruple champion du monde et a plusieurs titres européens à son actif. C'était un travailleur prodigieux, il a su parfaitement faire fructifier ses médailles d'or qu'il n'a pas volées. Sa seconde médaille d'or a été un peu plus controversée puisque les spécialistes de judo, dont je ne fais pas partie, ont dit qu'il avait en fait perdu le combat avec deux épaules à terre, etc. Le fait est que c'est lui qui a été déclaré vainqueur et que c'est un très grand champion. Il devient même le judoka le plus titré de l'histoire dans les compétitions internationales (deux titres olympiques, quatre titres mondiaux), dépassant le légendaire Japonais Yasuhiro Yamashita.

David Douillet tente de faire tomber son adversaire, le Japonais Shinichi Shinohara, double champion du monde, pendant la finale olympique des lourds (+100 kg), Sydney, le 22 septembre 2000.

La Plus Belle Course des JO de Sydney

Haile Gebreselassie remporte une médaille d'or olympique sur le 10 000 m pour la seconde fois. Le sprint final qui l'oppose au Kényan Paul Tergat reste dans les annales comme un très grand moment de sport.

Haile Gebreselassie manifeste sa joie suite à sa victoire éclatante dans l'épreuve du 10 000 m (27'18"20), stade olympique de Sydney, le 25 septembre 2000. L'Éthiopien, qui sera le 1er coureur à passer sous la barre des 27 minutes, rejoint Paavo Nurmi, Emil Zátopek et Lasse Virén dans le clan des doubles médaillés olympiques sur cette distance. Depuis 2005, le record du monde est détenu par son compatriote Kénénisa Békélé, dont la performance est de 26'17"53.

Ces athlètes, surtout sur cette distance-là, sont ceux que je préfère. Il y a souvent des rivalités dans le sport. On parlait de respect de l'adversaire, et Haile Gebreselassie a réussi ce tour de force de se faire sincèrement aimer par tous ses adversaires. C'était impossible de ne pas l'apprécier. Il était quasiment invaincu et en même temps respecté par ses pairs. Chapeau, ils ne sont pas si nombreux dans ce cas-là !

Sous le regard attentif de ses supporters, Tiger Woods s'apprête à driver vers le trou n° 18, Augusta National Golf Club, le 8 avril 2001.

Tiger Slam

Tiger Woods s'impose au Masters d'Augusta et devient le premier golfeur à détenir simultanément le titre des quatre tournois du Grand Chelem.

En gagnant cette édition 2001 du Masters, le golfeur américain est le seul à réaliser ce qu'on a appelé le *« Tiger Slam »*, c'est-à-dire, qu'ayant remporté l'année précédente l'US Open, l'Open britannique et l'US PGA, il se retrouve tenant du titre des quatre tournois majeurs en même temps. Le concept de Grand Chelem implique d'être vainqueur de ces tournois dans la même année, ce qui n'est pas le cas ici. Cet exploit a été réalisé une seule fois, en 1930, par Bobby Jones, surnommé le « Mozart du golf » et n'a pas été réédité depuis. Ben Hogan, en 1953, et Tiger Woods sont les auteurs, quant à eux, d'un « petit chelem », puisqu'ils ont décroché les quatre Majeurs à cheval sur deux ans.

Lors du dernier tour, Woods suit la balle qu'il vient de frapper au départ du trou n° 6, Augusta National Golf Club, le 8 avril 2001.

Nicolas Escudé manifeste sa joie après avoir rapporté le point décisif en battant Wayne Arthurs dans le 5e match, le 2 décembre 2001.
La France s'impose 3 à 2.

De droite à gauche :
Nicolas Escudé, Sébastien Grosjean, Cédric Pioline, Guy Forget (le sélectionneur), Fabrice Santoro et Arnaud Clément brandissent la Coupe Davis, le 2 décembre 2001.

Dernière Coupe Davis française

Sur le gazon de Melbourne, la France remporte sa 9e Coupe Davis face à l'Australie de Lleyton Hewitt (alors n° 1 mondial) et Patrick Rafter (n° 7). Un exploit dont le principal artisan est Nicolas Escudé – qui jusque-là vivait une saison difficile –, aidé par le double Pioline-Santoro.

Quelquefois, il faut savoir saisir sa chance. L'Australien Patrick Rafter, alors meilleur joueur du monde sur gazon qui joue là sa dernière saison sur le circuit, se blesse et ne peut jouer le dernier simple. Il est remplacé par Wayne Arthurs, qui n'est pas un joueur du même calibre. Nicolas Escudé et la France ont su en profiter. Il s'agit peu ou prou du même scénario que la victoire précédente des Français dans cette compétition en 1996, lors de la finale contre la Suède à Malmö. J'y étais aussi et je me rappelle que les hommes de Yannick Noah avaient bénéficié de la blessure de Stefan Edberg – qui ne s'était pratiquement jamais blessé au cours de sa carrière –, ce dernier prenant sa retraite à l'issue de cette Coupe Davis. Ça fait partie du sport et, à chaque fois, l'équipe de France a su admirablement en tirer profit. Elle a eu beaucoup de chance. Quand on parle de la Coupe Davis,

tout le monde se souvient de celle de 1991 à Lyon. Les autres, même si ce sont de belles victoires, qui plus est acquises à l'extérieur, retiennent moins l'attention. Sans doute l'équipe de 1991 était-elle plus attachante, le capitaine y faisant pour beaucoup, et puis une finale aux antipodes ne se vit pas de la même façon qu'une finale en France. Je constate malheureusement qu'il n'y a pas eu de victoire tricolore depuis.

Hommage ô combien mérité et bienvenu de la part de Yannick Noah qui porte Stefan Edberg sur ses épaules. C'est un grand moment d'émotion pour le Suédois qui fait ce jour-là ses adieux à la compétition, Malmö (Suède), le 1er décembre 1996.

L'équipe de France célèbre sa victoire sur la Suède (3-2) autour du saladier d'argent, Malmö, le 1er décembre 1996.
De gauche à droite : Guillaume Raoux, Lionel Roux, Arnaud Boetsch, Cédric Pioline, Guy Forget et leur capitaine Yannick Noah.

Habitants de pays froids

Le Norvégien Ole Einar Bjørndalen rafle tous les titres olympiques individuels de biathlon mis en jeu à Salt Lake City (10 km sprint, 12,5 km poursuite, 20 km et relais 4 x 7,5 km).

Pour les Scandinaves et les Norvégiens en particulier, le ski de fond demeure l'épreuve reine et ancestrale des jeux Olympiques d'hiver, et quelquefois ils sortent des champions d'exception tels que Ole Einar Bjørndalen, ou encore, quelques années plus tôt, Bjørn Erlend Dæhlie. On se dit : « comment est-ce possible ? » Il y a une telle culture du ski de fond, de la nature, c'est vraiment le domaine des Norvégiens auquel il faut ajouter aujourd'hui le ski alpin. Ces sports de neige et de glace sont l'apanage des pays nordiques. La Norvège est un pays que j'aime énormément, ses habitants sont amicaux, je pense que souvent les habitants des pays froids dehors cultivent une merveilleuse chaleur à l'intérieur, et ça vibre beaucoup. C'est quand il y a de la neige sur le toit qu'il y a du feu dans la cheminée...

Le biathlète Ole Einar Bjørndalen en séance de tir couché pendant l'épreuve individuelle du 20 km aux Jeux de Salt Lake City, le 11 février 2002. Il est, à ce jour, le sportif le plus titré des sports d'hiver avec à son palmarès 6 gros globes de cristal, 6 titres olympiques et 19 titres mondiaux.

La Russie, terre de patineurs

Le Russe Alexeï Yagudin, triple champion d'Europe et triple – bientôt quadruple – champion du monde, décroche la médaille d'or aux jeux Olympiques de Salt Lake City.

Je crois qu'on peut dire d'Alexeï Yagudin qu'il est le plus grand patineur de tous les temps à ce jour. Il y avait aussi Evgeni Plushenko, sûrement le deuxième plus grand, derrière lui. Si on se contente uniquement des JO, Plushenko est vice-champion olympique 2002, champion olympique 2006 et à nouveau vice-champion olympique 2010. Quand les Russes se mettent à patiner, ils sont difficiles à battre. Yagudin a été le premier patineur à recevoir quatre 6, quand l'ancien système de notation, que je regrette, fonctionnait encore.

Alexeï Yagudin est sacré champion olympique devant son compatriote et grand rival Evgeni Plushenko, le 14 février 2002. Il réalisera en ce début d'année un grand chelem historique en collectionnant les titres de champion d'Europe en janvier, champion olympique en février, et champion du monde en mars.

« Faire une Bradbury »

Victoire rocambolesque à Salt Lake City ! Après une élimination et un repêchage en quart de finale, une chute de 3 concurrents en demies et la dégringolade simultanée de tous ses adversaires en finale, l'Australien Steven Bradbury remporte la médaille d'or de short-track 1 000 m à la surprise générale.

Je m'en souviens très bien puisque j'ai commenté cet événement en direct. Déjà le fait que Steven Bradbury soit en finale relève du miracle. Lors de celle-ci, même histoire qu'aux tours précédents, puisque tous ses concurrents chutent devant lui ! Quand on voit le déroulement de la course, il y a deux manières de prendre les choses. Soit on trouve ça amusant, on est content pour lui, soit on se dit que ce n'est pas très juste. Mais c'est le sport. C'était une image incroyable. Cet épisode avait tellement stupéfait les gens qu'on l'avait rediffusé plusieurs fois sur France Télévisions. Depuis, l'expression « faire une Bradbury » est utilisée pour signifier une victoire improbable, accidentelle ou très inattendue.

Steven Bradbury lors des qualifications de l'épreuve de short-track 500 m, Salt Lake City, le 23 février 2002.

« The Last Man Standing » s'élance vers la victoire alors que tous ses adversaires, victimes d'une chute dans le dernier virage, sont dans le décor, le 16 février 2002. Le drôle de parcours de Steven Bradbury dans cette compétition et son dénouement invraisemblable lui permettent de franchir seul la ligne d'arrivée et d'offrir à l'Australie son 1er titre des jeux Olympiques d'hiver au grand étonnement de chacun ! Et du sien !

Marina Anissina porte Gwendal Peizerat lors de la finale de danse sur glace, Salt Lake City, le 18 février 2002. Le programme s'intitule *« I have a dream »*, Marina et Gwendal réalisent le leur en remportant la médaille d'or. Ce sera leur dernière, les deux patineurs mettant un terme à leur carrière sportive après ces jeux de Salt Lake City.

Médaille controversée

Après leur médaille de bronze obtenue à Nagano (1998), Marina Anissina et Gwendal Peizerat arrivent 1ers en danse sur glace aux États-Unis. Champions de France, d'Europe et du monde en 2000, il ne manquait plus que cette médaille d'or olympique à leur palmarès.

J'aurais souhaité que cette médaille d'or soit un peu moins controversée qu'elle ne le fut. Je m'en souviens très bien, ainsi que de tout ce qui l'avait précédée comme discussions en coulisses. Cela a considérablement terni la victoire de Marina Anissina et Gwendal Peizerat, et c'est d'autant plus bête qu'ils n'avaient pas besoin de ces aides extérieures pour remporter la médaille. C'était un couple au sommet en danse ; elle, très russe dans son patinage, lui, avec un côté un peu romantique : ils étaient vraiment très forts. Les différents arrangements conclus pour l'obtention de ce titre ont eu pour conséquence directe de modifier la façon dont sont notés les patineurs. Aujourd'hui, malheureusement, personne n'y comprend rien. Autrefois, le public pouvait identifier le juge qui mettait telle ou telle note, et cela faisait un peu partie du spectacle et du folklore de ce sport. Aujourd'hui, c'est une note qui est noyée dans des *components*, dans des arguties techniques. Cette modification a porté préjudice au patinage, elle est née d'une double controverse, dans laquelle la France n'était pas exempte de tout reproche, concernant la compétition de couple et de danse.

Doublé français

Après avoir dominé l'épreuve du slalom spécial, les deux skieurs tricolores Jean-Pierre Vidal et Sébastien Amiez sont sacrés respectivement médaille d'or et médaille d'argent sur les pistes de Salt Lake City.

Vidal et Amiez décrochent les deux premières places du slalom spécial et fêtent ça sur le podium de façon formidable. Concernant cet heureux événement, j'ai été témoin de tout ce que je n'aime pas en matière de médias et de télévision. Des journalistes d'une chaîne que je ne citerai pas voulaient faire un duplex entre Paris et Salt Lake City. Les deux médaillés arrivent du côté du Club France et on leur annonce : « On prend juste Vidal. » Et j'ai vu Sébastien Amiez, qui était juste à côté, se mordre la lèvre. Alors qu'il était médaille d'argent, qu'il y avait deux Français aux premières places… J'ai trouvé que c'était humainement déplorable et que c'était aussi une faute professionnelle, ces deux médailles étant indissociables l'une de l'autre.

Jean-Pierre Vidal (à gauche) et Sébastien Amiez (à droite) offrent à la France deux médailles en slalom spécial, Salt Lake City, le 23 février 2002.

Schumi !

Michael Schumacher s'impose pour la 5e fois au Championnat du monde de Formule 1, égalant le record de l'Argentin Juan Manuel Fangio. Sa victoire au Grand Prix de France, sur le circuit de Magny-Cours, lui permet d'être sacré plus tôt dans la saison que n'importe quel autre de ses prédécesseurs.

Série alors en cours puisqu'il allait atteindre un total de sept couronnes mondiales. C'est l'un des deux ou trois plus grands pilotes de tous les temps, mais je mets au défi quiconque de dire qu'il a été emballé par Michael Schumacher. C'est curieux de voir comment un champion enchaînant les exploits peut manquer de charisme alors que d'autres en ont avec un palmarès moindre. À l'évidence, Schumacher avait du talent mais n'a jamais réellement séduit, tout le contraire d'Ayrton Senna ! C'est la même chose avec le peu charismatique Sebastian Vettel, trop lisse et sans saveur, à l'image de ce qu'est la Formule 1 d'aujourd'hui. Son tragique accident de ski en 2013 a mis un terme à la carrière du champion.

Sur le podium, Schumacher est fou de joie après sa victoire au GP de France et l'obtention de son 5e titre de champion du monde, le 21 juillet 2002. En signant avec l'écurie Ferrari en 1996, le pilote allemand, déjà double champion du monde chez Benetton, a permis à la Scuderia de s'imposer de nouveau en Formule 1 de 2000 à 2004, tant dans le Championnat du monde des pilotes que dans celui des constructeurs.

Michael Schumacher concourt au volant d'une Ferrari F2002 sur le circuit de Magny-Cours, le 21 juillet 2002.

vodafone
vodafone
1
FIAT
vodafone
vodafone

Suisse ou néo-zélandais ?

La 31e édition de l'America's Cup est marquée par la victoire écrasante (5-0) du challenger suisse *Alinghi* contre le *Team New Zealand,* détenteur du titre. C'est la première fois que la régate est gagnée par un pays européen, qui plus est, sans accès à la mer !

Ce qu'il faut préciser, c'est que sur ce bateau suisse *Alinghi,* il y avait un équipage quasiment 100 % néo-zélandais ! C'est assez drôle. Aujourd'hui, la voile d'Éric Tabarly est complètement oubliée, ceux qu'on appelle les « voileux », les équipiers sont devenus des sortes de mercenaires, et ce qui compte désormais, c'est la nationalité du pavillon. Quand on sait cela, on ne peut vraiment pas parler de victoire suisse. C'était plutôt une victoire des capitaux suisses, ce qui est presque un pléonasme... Il n'y avait pratiquement que des Néo-Zélandais sur le plan d'eau, l'équipage du *Team New Zealand* d'un côté et celui d'*Alinghi* de l'autre.

Le voilier suisse SUI-64 (à droite) au coude-à-coude avec le bateau néo-zélandais NZL-82 (à gauche), lors de la course 5, dans le golfe de Hauraki (Nouvelle-Zélande), le 2 mars 2003.

I didn't move !

Bouderie aux Mondiaux de Saint-Denis : l'Américain Jon Drummond, disqualifié en quart de finale du 100 m pour faux départ, conteste la décision d'arbitrage et s'allonge sur la piste en signe de protestation. Il faudra près d'une heure aux officiels pour le convaincre de se retirer. Le sportif, effondré, décide de mettre un terme à sa saison et ne participera pas au relais 4 x 100 m.

Ce grand rendez-vous de sport a aussi donné lieu à l'une des scènes les plus incroyables de l'histoire de l'athlétisme lorsque Jon Drummond, disqualifié pour faux départ en compagnie de deux autres coureurs, plaide son innocence et reste allongé longuement sur la piste en signe de protestation, sous les yeux ahuris des officiels qui ne savent pas comment gérer cette délicate situation. C'était un moment tellement irréel que des tee-shirts ont même été imprimés avec les propos de celui qui était en plus l'un des favoris du 100 m : *« I didn't move ! I didn't move ! »* Après, la situation sombre dans la confusion : Drummond se relève mais, furieux, il craque, tente de reprendre le départ contre l'avis des juges et refuse de quitter le stade. Il finit par céder et va éclater en sanglots dans les bras de son entraîneur sur le stade d'échauffement. Cinquante minutes se sont écoulées entre le premier faux départ et la course qui s'effectue sous quelques sifflets et huées du public… À ce titre, il s'agit probablement du 100 m le plus long de l'histoire !

La piste du Stade de France est le théâtre d'une scène surréaliste, le 24 août 2003 : allongé sur le sol, Jon Drummond ignore un officiel qui lui adresse un carton rouge pour lui signifier sa disqualification du 100 m.

Des lauriers pour la Grèce

À Lisbonne, la Grèce surprend par sa victoire sur le Portugal, pourtant favori, en finale du Championnat d'Europe (1-0). Pareille surprise n'était pas survenue dans la compétition depuis celle du Danemark en 1992.

Une des surprises les plus retentissantes du football. Quelle année pour la Grèce, puisqu'un mois après elle allait organiser les JO d'Athènes ! On commençait déjà à percevoir les prémices des difficultés qui allaient toucher ce pays. Les joueurs hellènes étaient entraînés par Otto Rehhagel, le sélectionneur allemand qui considérait à peu près chacun d'entre eux comme son fils, et emmenés par une étoile montante, Ángelos Charistéas, qui était l'avant-centre. La plupart du temps, les Grecs gagnaient leurs matches par le plus petit des scores : 1 à 0 et ils fermaient la boutique. La France en avait été victime en quarts. En finale, on se disait quand même que, contre le Portugal – de Cristiano Ronaldo, Figo, Pauleta, Deco, etc. –, qui plus est jouait à la maison, la tâche allait être un peu plus ardue. Eh bien non ! Corner, tête de Charistéas, but ! En général, quand la Grèce menait, il était pratiquement impossible à l'équipe adverse de revenir. Une leçon de réalisme, « à l'italienne » en quelque sorte. Ce n'était certainement pas du football champagne, certainement pas du football attirant mais diablement efficace, qui leur a donné ce titre qu'ils n'ont pas volé.

Le milieu de terrain grec Yórgos Karagoúnis (à gauche) et son capitaine Theódoros Zagorákis, élu meilleur joueur de la compétition, en train de courir avec le trophée, après leur victoire en finale de l'Euro, Lisbonne, le 4 juillet 2004.

Yelena la cabotine

La suprématie de Yelena Isinbayeva sur le saut à la perche féminin s'affirme au cours des jeux Olympiques d'Athènes où elle gagne sa 1re médaille d'or en battant le record du monde. Depuis, elle a enchaîné les titres et multiplié les records dont l'actuel, établi en 2009, à 5,06 m.

C'est une athlète très glamour, Yelena Isinbayeva. Je l'ai vue plus d'une fois dans des concours et a fortiori dans des compétitions olympiques de cet ordre. Pour différentes raisons, le saut à la perche est une épreuve qui prend assez longtemps, et comme la perche féminine terminait le programme de la soirée, il n'y avait plus qu'elle sur la piste. Toute l'attention du public était sur Isinbayeva et elle savait très bien en profiter. Elle gagne déjà le concours et en plus elle s'attaquait au record du monde, qu'elle bat ici et qu'elle va améliorer à de multiples reprises les années suivantes. Toutes les caméras étaient braquées sur elle, les images étaient retransmises dans le monde entier, sur les écrans géants du stade, et elle le savait. Elle était suffisamment intelligente et cabotine pour en jouer. Isinbayeva, pour moi, c'est à la fois une très grande perchiste mais également une très grande cabotine du sport.

Yelena Isinbayeva n'attend pas l'atterrissage pour exprimer sa joie : elle établit un nouveau record du monde (4,91 m) et gagne son 1er concours olympique, Athènes, le 24 août 2004. Première femme à franchir la barre des 5 m en 2005, la perchiste russe a conservé son titre olympique à Pékin en 2008. Elle a notamment été sacrée championne d'Europe (2006) et championne du monde à 3 reprises (2005, 2007 et 2013).

La 3e est la bonne

Hicham El Guerrouj, à gauche, se laisse tomber à genoux après son sacre tant espéré sur 1500 m aux JO d'Athènes, le 24 août 2004. À droite, Bernard Lagat (argent), et Rui Silva (bronze), en haut, viennent le féliciter.

À Athènes, où il est sacré champion olympique du 1 500 m puis du 5 000 m, le Marocain Hicham El Guerrouj voit enfin ses efforts récompensés. Un doublé inédit depuis la performance du Finlandais Paavo Nurmi aux Jeux de Paris en 1924.

Hicham El Guerrouj avait été extraordinairement malheureux aux JO de Sydney, et les Jeux d'Athènes sont une très belle et douce revanche. En 2000, lorsqu'il a été battu au 1 500 m par le Kényan Noah Ngeny, il ne désirait pas venir à mon micro, mais j'ai insisté. Il m'a dit : « Est-ce que vous ne pensez pas que j'ai trahi tous ceux qui m'aiment : le peuple, le roi. J'ai trahi tous ceux qui m'aiment. » Je lui réponds : « Vous n'avez trahi personne, Hicham, vous êtes médaille d'argent olympique, c'est une formidable récompense et il y aura sûrement des jours meilleurs. » « Non, jamais, jamais. » Et le voilà quatre ans après qui revient et qui gagne la médaille d'or du 1 500 m devant cet extraordinaire athlète kenyan, naturalisé américain, Bernard Lagat qui lui aussi courait tout le temps le sourire aux lèvres. Et surtout Hicham récidive en s'adjugeant le 5 000 m quelques jours après. Il m'avait dit que s'il ne gagnait pas le 1 500 m, il ne courrait pas le 5 000 m. C'était vraiment la pièce de monnaie qui décidait de toute sa carrière. Ces deux médailles d'or olympiques pour ce garçon qui a persévéré malgré les obstacles et les coups du sort, c'était un moment formidable !

L'Or pour Laure

La jeune Laure Manaudou, âgée de 17 ans, devient championne olympique du 400 m nage libre. Elle obtient aussi une médaille d'argent sur le 800 m nage libre et une médaille de bronze sur le 100 m dos. La France n'avait pas eu de médaille d'or en natation depuis Jean Boiteux, lors des JO d'Helsinki en 1952.

Cela faisait des années qu'il n'y avait plus eu de médaille d'or française dans un championnat de cette dimension et Laure Manaudou a véritablement enchanté la France. Il faut bien reconnaître que ce n'était pas toujours une jeune fille facile ; elle était assez à fleur de peau, mais le succès lui allait bien. Tout le monde se souvient de Laure Manaudou avec les lauriers sur la tête, elle n'avait pas encore 18 ans. Beaucoup d'autres belles choses allaient suivre, pas trop aux JO mais dans diverses compétitions. Aujourd'hui, je la pense épanouie depuis qu'elle a quitté les bassins, elle est maman d'une petite Manon. Ce fut une très belle récompense pour une championne qui le mérite ainsi que pour son entraîneur de l'époque, Philippe Lucas, à qui je tire mon chapeau au passage.

Laure Manaudou en action lors du 100 m dos, épreuve dont elle décroche la 3e place du podium, Athènes, le 16 août 2004. Au cours de sa carrière, la nageuse française aura été, entre autres, championne du monde en 2005 (400 m nage libre) et en 2007 (200 m et 400 m nage libre).

Liu Xiang le malchanceux

Le Chinois Liu Xiang sort victorieux de l'épreuve du 110 m haies en égalant le record du monde détenu par le Britannique Colin Jackson (12''91). C'est la première fois qu'un sportif masculin chinois remporte une médaille lors des Jeux en athlétisme.

Liu Xiang remporte sa première et unique médaille d'or aux JO d'Athènes en 2004. Je suis persuadé qu'il aurait été très heureux d'échanger cette médaille athénienne contre une autre à Pékin, en 2008, où il s'est présenté à la série avec une douleur terrible au tendon d'Achille, qui l'empêchait de courir normalement. Il était suivi en permanence par… 18 médecins ! Je me souviens de cette attente qu'il y avait autour de ce héros national dans le stade olympique de Pékin, surnommé « le Nid d'oiseau », c'était comme si la Terre s'était arrêtée de tourner. Il devait avoir une telle pression sur les épaules… Il ne franchit même pas la première haie, déclarant forfait au départ. Une véritable désillusion qui a jeté un peu le voile sur sa pourtant formidable performance à Athènes.

Au centre, Liu Xiang, ici en tête de la course, va devenir champion olympique, Athènes, le 27 août 2004. Le Français Ladji Doucouré (dossard 1731), alors qu'il est en 2e position, va malheureusement accrocher la dernière haie et terminer dernier.

Toujours y croire !

En finale de la Ligue des champions, Liverpool, pourtant mené 3-0 à la mi-temps par le Milan AC, parvient à égaliser puis à remporter le match, à l'issue d'une séance de tirs au but. Un scénario exceptionnel !

Comment peut-on remonter un retard de trois buts face aux Italiens en une seule mi-temps de finale de Champions League ? Jamais une chose pareille ne s'était produite et pourtant les *Reds* l'ont fait ! Une fois encore, on retrouve cette constante du sport anglais, où il faut toujours y croire et ne jamais baisser les bras. Dans cette équipe de Liverpool, il y avait quand même de très gros clients à l'époque. À l'issue de la première période qu'ils avaient largement dominée et durant laquelle ils avaient ouvert le score dans les premières secondes, les Milanais menaient tout de même 3 à 0 ! Pour tout le monde, la messe était dite. Pas pour les joueurs de Liverpool qui sont revenus dans le match, inscrivant trois buts en 6 minutes ! Cela a été absolument merveilleux pour eux ! En plus, ils l'emportent aux tirs au but ! Avec leur gardien polonais, Jerzy Dudek, qui fait tout un tas de gestes sur sa ligne, un peu à la manière d'un gardien de hand, au moment où s'élancent pour tirer les joueurs du Milan AC. C'est peut-être la finale de Ligue des champions la plus passionnante à ce jour, par son dénouement, les 6 buts, et la séance de tirs au but derrière.

Fous de joie, les *Reds* se précipitent en direction de leur gardien Jerzy Dudek qui vient d'arrêter la frappe de l'attaquant milanais Andreï Chevtchenko et de donner ainsi la victoire (3 tirs au but à 2) aux Anglais, stade olympique Atartük, Istanbul, le 25 mai 2005.

Un titre à l'Open

Après celle perdue en 1999 face à Martina Hingis, Amélie Mauresmo gagne la finale de l'Open d'Australie contre la Belge Justine Henin. Cette dernière, victime de maux d'estomac, abandonne dans le 2e set, alors qu'elle est menée 6-1, 2-0. Pour la Française, il s'agit de son premier titre en Grand Chelem.

Ça faisait longtemps qu'elle courait après ce titre et Amélie Mauresmo l'a enfin obtenu ! La victoire a été un peu ternie, elle le dit elle-même, par le fait que Justine Henin abandonne en pleine partie. Ce n'est pas la même chose que lorsqu'il faut gagner une balle de match pour décrocher son titre, a fortiori dans un tournoi du Grand Chelem. Je sais qu'Amélie a été contrariée par la manière dont ça s'est passé et qu'elle y pense encore. Mais ce moment préfigurait son titre de Wimbledon deux ans plus tard, même si pour Amélie Mauresmo le principal regret est de n'avoir jamais réussi à passer le cap des quarts de finale à Roland-Garros. Et ça, ça reste un vrai mystère.

Tout sourire, Amélie Mauresmo brandit son trophée après la victoire, Melbourne, le 28 janvier 2006. Elle est la 2e Française à s'imposer dans ce tournoi, après Mary Pierce en 1995.

Triple Couronne

Les années 2000 marquent la consécration de la skieuse Janica Kostelić : triple couronne olympique à Salt Lake City (slalom, géant et combiné) ainsi que médaillée d'argent en super-G, elle conserve aux JO de Turin son titre en combiné et l'argent en super-G. Entre-temps, la Croate a notamment été sacrée championne du monde de slalom et de combiné en 2003 et, puis en 2005, en descente, slalom et combiné. Un palmarès impressionnant !

Janica Kostelić a été une championne d'une régularité absolument exceptionnelle. Quand on connaît le ski, on sait qu'elle compte parmi les plus grandes skieuses de l'histoire. Et d'ailleurs, elle a transmis le flambeau à son frère Ivica Kostelić qui est un peu plus âgé qu'elle, qui n'a pas tout à fait le même palmarès. Il a 33 ans, mais il est toujours là. Grande et belle famille de ski que le frère et la sœur Kostelić. Assez curieusement, elle a un peu disparu, j'ignore ce qu'elle fait aujourd'hui. Sa vie c'était le ski, pas l'effervescence médiatique ni les sollicitations et distractions qui vont avec, et c'est souvent un gage de bons résultats.

Janica Kostelić dans l'épreuve de super-G à Sestrières pendant les JO de Turin, en février 2006.

Domination du ski alpin autrichien

Les JO d'hiver de Turin témoignent de la force du ski alpin autrichien qui récolte 14 médailles (sur 30 possibles). Deux d'entre elles sont acquises par Benjamin Raich, vainqueur des épreuves de slalom et slalom géant.

Super champion que Benjamin Raich, d'une régularité formidable, un peu comme Hermann Maier aux Jeux de Nagano. « Benni » Raich, comme on l'appelait, était le héros de toute l'Autriche, grand sourire, sympathique aux yeux de tout le monde, cool tout en sachant être là quand il le fallait. Il a accumulé les titres tout au long de sa carrière. L'Italie lui a réussi puisque, l'année précédant ces Jeux turinois, il a été sacré deux fois champion du monde à Bormio. Un doublé olympique, ce n'est pas donné à tout le monde.

L'Autrichien Benjamin Raich en plein parcours du slalom des jeux Olympiques de Turin, col de Sestrières, le 25 février 2006.

Rois de l'épreuve reine

Le skieur tricolore Antoine Dénériaz devient champion olympique de descente aux Jeux de Turin en effectuant la plus belle course de sa carrière.

Six jours après sa médaille d'or en descente, Antoine Dénériaz a donné le meilleur malgré des conditions climatiques difficiles lors de l'épreuve du super-G qu'il termine en 11e place, Sestrières, le 18 février 2006.

L'épreuve reine des JO d'hiver a souvent réussi aux Français, magnifiés par l'enjeu et non pas paralysés comme c'est souvent le cas dans le sport français : Jean Vuarnet en 1960 à Squaw Valley, Jean-Claude Killy en 1968 à Grenoble, Jean-Luc Crétier en 1998 à Nagano, Antoine Dénériaz en 2006 à Turin. Concernant les deux derniers, ils ne brillaient pas trop sur le circuit de la Coupe du monde mais le jour J, ils étaient là pour saisir la plus belle médaille dans la plus belle course, la descente hommes. Léo Lacroix (1964), Guy Périllat (1968), Franck Piccard (1992) ont aussi été deuxièmes dans cette épreuve.

Beauté du patinage japonais

En évoluant sur *Turandot* de Puccini, Shizuka Arakawa séduit les juges comme les spectateurs et apporte au Japon la première médaille d'or de son histoire en patinage artistique.

La grâcieuse patineuse nippone Shizuka Arakawa lors de son programme libre, Turin, le 23 février 2006. La double championne du monde Irina Slutskaya termine sur la 3e marche du podium.

Très belle image que j'ai commentée en direct en compagnie de Philippe Candeloro. Quand on sait tout ce que le Japon apporte au patinage, et en particulier au patinage féminin, le fait que ce soit Shizuka Arakawa qui l'emporte, c'était un bien joli moment. Depuis, le patinage féminin asiatique a fait tellement de progrès qu'il est devenu le premier au monde. Ce soir-là, la patineuse nippone était imbattable.

Coup de boule !

À l'issue de la séance de tirs au but, la France s'incline devant l'Italie en finale de la Coupe du monde (1-1, 5 tirs au but à 3). Zinedine Zidane achève, à Berlin, sa carrière sportive sur un carton rouge après avoir assené un violent coup de tête au défenseur italien Marco Materazzi.

À l'instar de celle de 1998, la finale de 2006, contre la Squadra Azzurra, a eu son lot de commentaires. Le parcours de l'équipe de France a été magnifique – on sort notamment l'Espagne et le Brésil – et, en toute objectivité, je pense que la France était meilleure que l'Italie. Les Bleus, qui jouaient en blanc, auraient largement pu s'éviter les affres d'une prolongation, et durant cette prolongation s'éviter les affres d'une séance de tirs au but toujours incertaine. Concernant le coup de tête de Zidane, je dirais simplement que quelles que soient les provocations, il ne faut pas y répondre de cette manière-là. Sur le fond, Zizou avait peut-être raison, mais de quitter comme ça, à 10 minutes de la fin, l'un des matches les plus importants de sa carrière, qui plus est le dernier… C'est un peu comme Pérec à Sydney : il y a plein de gens qui en parlent encore, et pas en bien. On avait tendance à l'idolâtrer, peut-être que ça l'humanise finalement.

Échange verbal entre Zidane (à gauche) et le capitaine italien Fabio Cannavaro (à droite) après le coup de tête du Français dans la poitrine de Marco Materazzi lors des prolongations de la finale de la Coupe du monde, Berlin, le 9 juillet 2006. Zidane a frappé, le monde est sonné.

Belle Natation française

Merveilleuse victoire ! Alain Bernard devient le premier champion olympique français du 100 m nage libre. Lors de ces JO de Pékin, il obtient aussi l'argent en relais 4 x 100 m nage libre et le bronze en 50 m nage libre.

Alain Bernard est un garçon très attachant. Il n'avait pas l'air d'y croire quand il est sorti du bassin. C'était une course extrêmement serrée. Il regarde à droite, à gauche, et, finalement, le premier auquel il parle, c'est moi ! Et c'était un moment d'échange, de bonheur et de partage extraordinaire. Un super type ! Beaucoup de travail et de motivation, des heures et des heures d'entraînement pour de beaux résultats comme cette médaille d'or du 100 m et l'argent qu'il décroche sur le 4 x 100 m avec Amaury Leveaux, Fabien Gilot et Frédérick Bousquet.

Alain Bernard peut savourer sa médaille d'or olympique du 100 m nage libre, Pékin, le 14 août 2008. Il a coiffé l'Australien Eamon Sullivan en 47"21.

L'Empereur des bassins

Michael Phelps règne en monarque absolu sur les Jeux de Pékin en s'octroyant pas moins de 8 médailles d'or ! Établissant un record olympique et 7 records du monde, il remporte le 200 m nage libre, le 100 m et le 200 m papillon, le 200 m et le 400 m 4 nages, le 4 x 100 m et le 4 x 200 m nage libre ainsi que sur le 4 x 100 m 4 nages.

Michael Phelps durant la finale du 200 m papillon, Pékin, le 13 août 2008. L'insatiable Américain se régale d'une nouvelle médaille d'or épicée d'un record du monde de 1'52"03. Avec ses 8 médailles englouties en Chine, le banquet d'Athènes en 2004 (6) et, en 2012, l'encas de Londres (4), le menu de sa carrière compte 18 médailles d'or olympiques. Une petite place pour le dessert ?

Comment devient-on le plus grand nageur de l'histoire ? En se préparant pile pour le rendez-vous. Il faut savoir qu'aux États-Unis, la natation comme l'athlétisme ne sont pas des sports aimés des médias. Une fois tous les quatre ans, on parle des *« Olympics »,* mais le reste du temps, les Américains savent à peine ce que c'est ! Michael Phelps a parfaitement su gérer ça, l'attente extraordinaire générée autour de lui tous les quatre ans, et se construire le plus beau palmarès de la natation. Aux Championnats du monde et aux Championnats des États-Unis, il a aussi tout gagné. Je suis très admiratif des longues carrières comme celle de Phelps qui est exemplaire.

Attachant Jurassien

À Vancouver, le Français Jason Lamy-Chappuis est sacré champion olympique : il enlève la médaille d'or du combiné nordique sur tremplin normal.

Jason Lamy-Chappuis est un garçon extrêmement attachant, modeste, jamais sous les feux de la rampe alors qu'il le pourrait, s'entraînant dans les froides montagnes du Jura, la Petite Sibérie française. Pareil, c'est un type qui sait être là, le jour J, quand il le faut. Il est un petit peu comme ses prédécesseurs Fabrice Guy et Sylvain Guillaume – même s'il y a un peu plus d'argent dans le ski de fond aujourd'hui –, à savoir qu'il est très pro dans sa préparation et très amateur dans l'âme et le cœur. À Vancouver, il a ajouté le suspens au panache avec ce sprint final incroyable un peu « à la Raquil » – référence au 400 m du Français aux Championnats du monde d'athlétisme de Saint-Denis en 2003 – où il rattrape et dépasse ses adversaires. Un très grand champion.

De gauche à droite : Jason Lamy-Chappuis, l'Italien Alessandro Pittin (bronze) et les Américains Johnny Spillane (argent) et Todd Lodwick, lors du 10 km du combiné nordique sur tremplin normal, Whistler (Colombie-Britannique), le 14 février 2010. Produisant un gros effort dans les derniers mètres, le Français s'adjuge la victoire sur le fil. Sur son palmarès, figurent aussi à ce jour 4 titres de champion du monde (un en 2011 et 3 gagnés en 2013), 3 gros globes de cristal (2010, 2011, 2012) et une coupe du monde de sprint (2007).

Jason Lamy-Chappuis dit « Flying Jason », effectuant son saut d'essai au tremplin normal durant les Jeux d'hiver de Vancouver, Whistler (Colombie-Britannique), le 14 février 2010.

Hippie des années 2000

Après des performances décevantes, l'Américain Bode Miller revient sur le devant de la scène en gagnant au Canada 3 médailles olympiques dont celle en or du super-combiné.

J'ai un coup de cœur pour Bode Miller qui avait connu des années difficiles avant ces Jeux de Vancouver, qui n'en touchait plus une en Coupe du monde mais qui, arrivé aux JO, fait médaille de bronze de la descente, médaille d'argent du super-G et surtout médaille d'or du super-combiné. Les sportifs qui savent être là le jour J suscitent beaucoup ma sympathie. Les skieurs sont souvent méconnus du grand public, ce qui n'est pas le cas de Miller. Il a en plus un style de vie étonnant, il vit dans une caravane quand il suit le circuit de Coupe du monde. Une sorte de hippie des années 2000 dans sa manière d'être. J'adore !

Bode Miller trace sur la piste de Whistler, lors de la descente du super-combiné des JO de Vancouver, le 21 février 2010. Come-back réussi pour l'Américain qui monte sur la plus haute marche du podium, après avoir occupé, les jours précédents, la 3e marche en descente et la 2e marche en super-G.

Diniz le poète

Malgré une chute, Yohann Diniz est champion d'Europe de marche athlétique sur 50 km pour la seconde fois (après 2006). En 2011, il battra le record du monde du 50 000 m marche sur piste en réalisant un incroyable chrono de 3 h 35′ 27″.

Je suis très heureux de dire un petit mot sur celui qui, pour moi, est l'un des athlètes les plus attachants que j'ai jamais rencontrés. Yohann Diniz est un poète de l'asphalte ! Il y a très peu d'argent dans la marche. Pour devenir marcheur, il faut une abnégation incroyable. J'ai vraiment de bons rapports avec lui. C'est un postier qui habite du côté de Reims, dans l'Est. Il s'entraîne au petit matin. Et il m'a raconté qu'il lui arrive de se faire injurier quand il passe, qu'on le traite de « tarlouze » à cause de ce mouvement forcé de la marche... Et c'est vrai que les marcheurs dandinent un peu du postérieur ! Parfois même, ils s'entraînent à deux ou trois, tout un groupe à se déhancher tout en essuyant les insultes ! J'ai en mémoire la mésaventure qui lui est arrivée aux JO de Londres. C'est une honte. Il était huitième, donc finaliste. Il faisait une chaleur terrible et Diniz s'est aspergé la tête d'eau ; un juge aurait vu une goutte perler et lui arriver malencontreusement dans la bouche alors qu'on n'a pas le droit de boire. Il a été disqualifié vingt minutes après la course ! Comment peut-on faire ça à quelqu'un ? Yohann a eu des hauts et des bas et c'est un garçon au regard que j'adore, un rêveur. La mentalité des marcheurs n'est pas très différente de celle des marathoniens mais contraste avec celle des sportifs professionnels que je côtoie. Ce que je n'aime pas, ce sont ces histoires de disqualification. Il ne faut pas avoir les deux pieds en l'air en même temps et quelquefois ça se joue à un centimètre. Et ces juges, en vélo, qui disqualifient un gars qui se met de l'eau sur la tête ! J'ai beaucoup d'estime et de sympathie pour ces marcheurs qui sont parfois un peu moqués.

Yohann Diniz prend la tête du peloton dès le départ de la course, 50 km marche, Barcelone, le 30 juillet 2010.

Athlète amatrice dans l'âme

Après une 3e place sur le 100 m, la Française Myriam Soumaré crée la surprise en enlevant la médaille d'or du 200 m. Elle décrochera aussi le bronze en relais 4 x 100 m avec ses coéquipières Véronique Mang, Lina Jacques-Sébastien et Christine Arron.

Athlète hyper attachante, toujours souriante, Myriam Soumaré a jeté un coup de fraîcheur sur l'athlétisme, elle irradie de bonheur et elle a une manière de s'exprimer qui fait que tout le monde le partage. Elle sait très bien qu'elle ne sera jamais au niveau des grandes coureuses américaines ou jamaïcaines, mais ça ne l'empêche pas de dormir. C'est une athlète amatrice dans l'âme, elle est auxiliaire puéricultrice.

Elle peut crier autant qu'elle veut : Myriam Soumaré est championne d'Europe du 200 m, Barcelone, le 31 juillet 2010. La Française effectue une formidable course, qui plus est dans le couloir extérieur, en 22"32.

Des Français à Shanghai

Formidable exploit de Camille Lacourt et Jérémy Stravius aux mondiaux shanghaiens ! Le Marseillais et l'Amiénois sont sacrés champions du monde du 100 m dos ex-aequo en 52"76. Deux médailles d'or pour le prix d'une !

C'est l'image parfaite de l'éclat retrouvé de la natation française. Les nageurs français n'ont cessé de monter en puissance depuis l'éclosion de Laure Manaudou en 2004 aux jeux Olympiques d'Athènes. D'avoir deux nageurs dans le même centième qui se partagent la médaille d'or, c'est une image extraordinaire. Ces deux-là sont extrêmement différents : autant Camille Lacourt est glamour et médiatique, autant Jérémy Stravius est un peu plus appliqué, introverti, mais adorable. Les deux qui n'ont pas grand-chose en commun partagent cette médaille d'or parmi d'autres exploits français.

Camille Lacourt (à gauche), et Jérémy Stravius (à droite) n'en croient pas leurs yeux sur l'écran géant : ils sont devenus ensemble les deux premiers nageurs français champions du monde de l'histoire, Shanghai, le 26 juillet 2011. L'équipe de France de natation rapporte aussi de Chine 4 médailles d'argent et 5 de bronze.

Passage de témoin

Aux Championnats du monde de Daegu, les Français Teddy Tinmar, Christophe Lemaitre, Yannick Lesourd et Jimmy Vicaut décrochent une médaille d'argent au relais 4 x 100 m, derrière les Jamaïcains qui établissent un nouveau record du monde (37''04).

Le relais 4 x 100 m a toujours été une spécialité française. Les sprinteurs tricolores ont souvent compensé une relative absence de vitesse de pointe par une excellente qualité de transmission du témoin. Là, ce fut particulièrement le cas, notamment avec des relayeurs un peu moins connus comme Yannick Lesourd et Teddy Tinmar qui maîtrisent aussi parfaitement cette compétence et qui ont aussi profité justement de ce manque de maîtrise technique du relais américain. Effectivement, les Jamaïcains sont intouchables et, contrairement aux Américains qui lâchent le bâton une fois sur deux, allient vitesse de pointe et bons passages de témoin. Quand on a Usain Bolt comme dernier relayeur et un témoin qui lui parvient proprement, on peut considérer que la course est gagnée !

Cours, Usain, cours ! En position de finisseur du relais jamaïcain, Bolt (au premier plan) sème les autres concurrents, lors de la finale du 4 x 100 m, Daegu (Corée du Sud), le 4 septembre 2011. L'équipe de France, avec Jimmy Vicaut (premier couloir à gauche) comme dernier relayeur, obtient sa meilleure performance de la saison en 38"20.

JAM
TRI
USA
GBR

Pour 1 point

À l'Eden Park d'Auckland, les Français, malgré leur combativité, s'inclinent en finale de la Coupe du monde face aux All Blacks (7-8) qu'ils avaient réussi à vaincre en quarts lors de l'édition précédente.

L'équipe de France n'aurait jamais dû parvenir en finale de cette Coupe du monde ! La demi-finale contre le Pays de Galles (9-8) est une honte : on gagne d'un seul point, après l'expulsion d'un joueur gallois, le capitaine Sam Warburton. Là encore, on gagne le match qu'on aurait dû 100 fois perdre, et on perd le match qu'on aurait dû gagner ! En finale, les All Blacks nous battent à leur tour d'un petit point. C'est très bizarre, le sport. Mais je pense quand même que, si on fait le bilan des rencontres sur l'ensemble de la compétition, ils méritaient leur victoire. Les journaux néo-zélandais ont titré que la France avait été la plus mauvaise équipe du tournoi. C'était la première fois qu'une équipe se qualifiait pour les quarts en ayant perdu deux matches de poule – on avait été humiliés par la Nouvelle-Zélande (37-17) et surtout par les Tonga (19-14). Honnêtement, sur l'ensemble du tournoi, la France ne méritait pas de gagner la Coupe du monde 2011.
En 2007, le XV de France réalise un exploit sensationnel à Cardiff, en battant les All Blacks (20-18) en quart de finale, avec un arbitrage plus que tendancieux en faveur des Bleus. Je ne sais pas si c'est une justice, mais la France s'incline en demi-finale à Paris contre l'Angleterre de Jonny Wilkinson (14-9), elle-même battue en finale par l'Afrique du Sud.

Le demi d'ouverture néo-zélandais Stephen Donald – auteur de la pénalité décisive qui donnera la victoire à son équipe – échappe au plaquage de Jean-Baptiste Poux et poursuit sa course, lors de la finale de la Coupe du monde, Auckland, le 23 octobre 2011.

Le capitaine All Black Richie McCaw soulève la Coupe du monde au milieu de ses coéquipiers en liesse, après la finale France-Nouvelle-Zélande, Auckland, le 23 octobre 2011.

Image très forte au Millenium Stadium de Cardiff, avant le quart de finale de coupe du monde entre la France et la Nouvelle-Zélande, le 6 octobre 2007 : lors du traditionnel haka des « All Greys » – la formation tricolore ayant gagné au tirage au sort le droit de jouer en bleu foncé, la Nouvelle-Zélande ne peut jouer en noir –, les Français se tiennent à moins d'un mètre de leurs adversaires, formant une ligne bleu-blanc-rouge avec leurs tee-shirts et finissant presque front contre front. Le match a déjà débuté...

Un jour pile, un jour face

À Munich, Didier Drogba offre à Chelsea sa 1re Ligue des champions, face au Bayern, en égalisant en fin de match et en concluant avec succès la séance des tirs au but (1-1 a.p., 4 tirs au but à 3). Les Bavarois ne seront pas en reste : accédant de nouveau à la finale l'année suivante, ils la remportent à leur tour, contre Dortmund (2-1).

On va dire que c'était écrit, parce que rarement avons-nous vu une équipe autant dominer que le Bayern. Ce dernier, qui joue, en plus, cette finale à domicile, ouvre le score à 7 minutes de la fin avec une tête piquée de Thomas Müller qui surprend le gardien Petr Čech. Quand on connaît la rigueur allemande, on se dit que c'est fait. Eh bien, pas du tout ! Didier Drogba égalise d'une tête sur corner à la 88e minute. Ensuite viennent les prolongations durant lesquelles les Bavarois obtiennent un penalty tiré par un de leurs meilleurs joueurs, Arjen Robben. Mais le Néerlandais rate l'occasion et le match se conclut par l'épreuve des tirs au but dans laquelle, les Allemands excellent habituellement. Mais pas cette fois-ci, puisque les *Blues* battent les Munichois sur le dernier tir effectué par Drogba. Chelsea l'a mérité, tout comme son attaquant qui joue sa dernière saison dans le club londonien, après huit années de bons et loyaux services. C'est d'autant plus symbolique et sympa pour Drogba que c'est un champion ayant été souvent malheureux dans les finales, notamment en Coupe d'Afrique des Nations avec la Côte d'Ivoire. Et bravo tout de même au Bayern qui, l'année suivante à Wembley, dispute une deuxième finale consécutive, et la gagne à son tour aux dépens d'une autre très belle équipe allemande, Dortmund, grâce à un but à la dernière minute de... Robben. Tout un symbole là aussi ! En 365 jours, il s'en passe des choses sur la planète Football !

Magnifique amorti dans les airs exécuté par l'avant-centre des *Blues*, Didier Drogba, sous les yeux de son coéquiper Petr Cech lors de la finale de Champions League, Munich, le 19 mai 2012.

Bien servi par une talonnade de Franck Ribéry, Robben se retrouve seul face au gardien du Borussia et s'apprête à inscrire le second but munichois à la 89e minute de la finale de Champions League, Wembley, le 25 mai 2013. Héros malheureux de l'édition précédente, le voici cette fois-ci qui offre à son club la 5e Coupe aux grandes oreilles de son histoire.

SAMSUNG

NO TO

La Terreur des mascottes !

Mahiedine Mekhissi-Benabbad, vice-champion olympique (2008) et médaillé de bronze aux mondiaux de Daegu, conserve son titre européen en 3 000 steeple à Helsinki.

Mahiedine Mekhissi franchit la ligne d'arrivée et bouscule Appy, la mascotte de ces Championnats ! Celle-ci – une adolescente de 14 ans – est venue vers lui pour lui tendre un cadeau et il la repousse violemment alors qu'il vient de gagner la course ! Moment un peu curieux... Deux ans auparavant, il avait déjà gentiment mis à terre Barni, le bonhomme blanc des Championnats de Barcelone. Mekhissi est un garçon un peu nerveux, pas méchant du tout. Il a un palmarès magnifique et est largement devant en Championnats d'Europe puisque les Kényans n'y concourent pas. Il est adorable dans la vie, un peu plus teigneux sur les pistes, quelquefois il devrait tenir son caractère. Je me souviens en 2011, au meeting de Monaco, il en était venu aux mains avec Mehdi Baala, je ne sais pas pourquoi. Là, pour en revenir à la mascotte, personne n'a compris le comportement de l'athlète français, puisqu'il vient de remporter la course. On va dire que cela a été un mouvement d'humeur.

Mahiedine Mekhissi s'approche de la ligne d'arrivée et du titre tandis que l'Espagnol Victor Garcia chute à l'ultime obstacle, lors de finale du 3 000 m steeple, Helsinki, le 29 juin 2012.

L'Espagne est la plus grande

À Kiev, les footballeurs espagnols corrigent l'Italie en finale du Championnat d'Europe (4-0), réalisant un triplé historique Euro-Mondial-Euro.

Félicitations à cette équipe d'Espagne qui sait admirablement contrôler le résultat et faire circuler le ballon, une équipe pleine de maturité ! Sur cet Euro, elle n'a pas évolué de manière extrêmement flamboyante, mais les joueurs de la Roja ont répondu présent et sont restés très difficiles à manœuvrer. 4 à 0 contre l'Italie, quand on connaît le style de jeu des Azzuri, ce n'est pas une petite victoire. L'Italie, qui avait été plutôt séduisante jusque-là, a trouvé son maître en finale. Quant à l'Allemagne, éliminée en demies par les Transalpins, elle ne gagne plus. Il faut remonter à l'Euro 1996 pour retrouver une équipe d'Allemagne gagnante. La phrase de Lineker sur l'invincibilité des Allemands n'est plus d'actualité. Ce qui est intéressant, c'est que l'Allemagne offre un jeu aujourd'hui très attirant, basé sur l'attaque et qu'elle est en train de devenir une équipe romantique qui perd, comme la France à une époque, alors que pendant longtemps, c'était l'efficacité germanique qui éliminait les équipes romantiques !

Accroupi, l'attaquant Mario Balotelli (au premier plan) observe, découragé, la joie des Ibériques après avoir marqué un but, finale de l'Euro, Kiev, le 1er juillet 2012.

Et de 7 pour « Rodgeur » !

En battant en finale l'Écossais Andy Murray, Roger Federer rafle le 7e Wimbledon de sa carrière et redevient numéro 1 mondial. Le Suisse n'avait plus gagné un tournoi du Grand Chelem depuis l'Open d'Australie en 2010.

Murray, battu en 4 sets, est réconforté par son bourreau Federer – qui a désormais 17 tournois du Grand Chelem à son palmarès –, lors de la cérémonie des trophées, Wimbledon, le 8 juillet 2012.

Ça faisait presque deux ans que Roger Federer n'avait pas gagné de tournoi du Grand Chelem. Je pense que c'est l'un de ses plus grands succès. Pour une fois, il n'avait pas le public pour lui, puisqu'il jouait contre un Britannique. La victoire (4-6, 7-5, 6-3, 6-4) a été belle : Federer exprimait une joie toute intérieure car il ne voulait pas en rajouter devant Murray en larmes. Au moment de la remise des prix, celui-ci n'arrivait pratiquement pas à parler tellement il était déçu. Le fait que Murray emporte l'édition 2013 contre Novak Djokovic est une douce revanche. Mais pour Federer – il est toujours un peu délicat de dire ça – je me demande si ce titre du Grand Chelem ne figure pas parmi les derniers. Je ne sais pas si c'est physique, je pense que c'est dans la tête. Le Suisse a 32 ans, et pour se retrouver sur le court avec des gamins de dix ou douze ans de moins que lui, il doit lui manquer la motivation. Il y a quelques accros dans la mécanique Federer, non seulement sur le court mais également dans la vie, avec une attitude qu'on ne lui connaissait pas avant : un peu impatient, susceptible, voire âpre au gain. Je peux en témoigner. Cela n'enlève rien à ses mérites d'immense joueur et de grand champion, comme le prouve son point décisif face à Richard Gasquet en 2014, offrant ainsi à 33 ans la coupe Davis à la Suisse.

Talentueuse et modeste

Camille Muffat devient championne olympique sur 400 m nage libre, devançant de 32 centièmes l'Américaine Allison Schmitt. Elle obtient également la médaille de bronze en relais 4 x 200 m avec ses coéquipières Charlotte Bonnet, Ophélie-Cyrielle Étienne et Coralie Balmy.

Sensationnelle performance d'une nageuse que j'aimais beaucoup, modeste et gentille. Elle mettait une telle abnégation à l'entraînement. La championne nous a quitté suite au crash de l'hélicoptère où elle était montée lors du tournage de l'émission *Dropped* en 2015. Grande championne, qui avait trouvé à Nice, avant sa retraite en 2014, une structure d'entraînement remarquable. Elle était heureuse dans la vie, elle était heureuse de nager – 5 heures par jour y compris le dimanche. Elle était entraînée par Fabrice Pellerin qui n'est pas exactement le pitre des bassins, c'est plutôt un type assez dur mais qui obtient des résultats extraordinaires. Camille était le fer de lance d'une équipe de natation qui, à Londres, a obtenu des titres merveilleux.

Camille Muffat (1989-2015) heureuse après son sacre olympique dans le 400 m nage libre, Londres, le 29 juillet 2012.

De gauche à droite : les médaillés d'or du 4 x 100 m Clément Lefert,
Yannick Agnel, Amaury Leveaux et Fabien Gilot, Londres, le 29 juillet 2012.

Battre les Américains !

Yannick Agnel s'impose en solitaire et en patron sur le 200 m nage libre. Il décroche ainsi à Londres sa 3e médaille olympique après le titre en relais 4 x 100 m (avec Amaury Leveaux, Fabien Gilot et Clément Lefert) et l'argent en 4 x 200 m (avec Amaury Leveaux, Grégory Mallet et Clément Lefert).

Yannick Agnel a du mal à réaliser : le Nîmois vient de devenir, à seulement 20 ans, champion olympique du 200 m nage libre, Londres, le 30 juillet 2012.

L'équivalent de Camille Muffat chez les garçons, c'est Yannick Agnel, qui sort de ces Jeux avec deux médailles d'or et une médaille d'argent. Le 4 x 100 m est l'épreuve qui a suscité le plus de bonheur auprès des téléspectateurs français, qui étaient 10 millions devant l'écran pour suivre le quatuor qu'il forme avec Amaury Leveaux, Fabien Gilot et Clément Lefert. Ils réalisent l'exploit avec un grand E de battre les États-Unis. Et de quelle manière ! Quand Agnel prend le dernier relais, il est légèrement devancé par l'Américain Ryan Lochte qui est quand même le meilleur nageur du monde. Le Français fait preuve d'intelligence, en ne plaçant pas l'accélération tout de suite : il accélère à 75 mètres et il le devance. Fabuleux !

Douze ans plus tard

Après Sydney et Athènes, Londres ! Le céiste français Tony Estanguet conquiert une 3e médaille d'or. S'il rejoint ainsi Marie-José Pérec et Jean-Claude Killy au rang des triples champions olympiques en individuel, le Palois est le seul à avoir gagné ses titres dans 3 olympiades différentes.

Tony Estanguet est l'exemple type d'un garçon intelligent qui sait l'être dans d'autres domaines que dans son sport. J'en veux pour preuve qu'il vient d'intégrer le CIO qui est l'instance supérieure olympique, et c'est très bien qu'il y ait des sportifs de cette qualité au sein du Comité olympique, qu'il n'y ait pas seulement des aristocrates de vieille lignée en mal d'activité. Il remporte cette médaille d'or, douze ans après la première, à Sydney et huit après la deuxième obtenue aux JO d'Athènes. Un sacré palmarès !

Estanguet dans son monoplace, lors de la demi-finale de C1, Lee Whitewater Center, près de Londres, le 31 juillet 2012. Déjà triple champion du monde (2006, 2009 et 2010), il sera bientôt triple champion olympique.

Après la sœur, le frère

Huit ans après le titre olympique sur 400 m nage libre de sa sœur à Athènes, Florent Manaudou est le surprenant vainqueur du 50 m nage libre lors des Jeux de Londres.

Très jolie image ! Titre ô combien surprise sur 50 m nage libre ! Florent Manaudou s'était qualifié de justesse aux Championnats de France à Dunkerque pour participer à ces Jeux de Londres – il avait acquis sa qualification avec un centième d'avance sur Fabien Gilot –, et avait éliminé ainsi Frédérick Bousquet. Il n'y a pas vraiment de tactique sur un 50 m, il faut prendre un bon départ, ne pas respirer et foncer. Aidé par sa grande taille (1,99 m), Florent Manaudou l'emporte donc à Londres, puis vient la belle image où sa sœur vient l'embrasser. C'est un garçon à l'instar de Yannick Agnel, très doux, qui n'aime pas trop qu'on parle de lui. J'ai beaucoup de sympathie pour cette famille. Le frère et la sœur sont très différents, mais possèdent en commun d'avoir une formidable abnégation au travail et d'être là le jour J. Désormais, il touche aux 100 m, aux 200 m, il fait le dos et la brasse. C'est devenu un nageur très polyvalent. Exploit qui ne sera d'ailleurs pas sans lendemain, puisque Florent Manaudou multipliera les titres européens (Berlin 2015, Londres 2016) et mondiaux (Kazan 2015) avant de décrocher l'argent aux 50 m nage libre, aux JO de Rio (2016), à un centième de l'or.

Florent Manaudou, presque 22 ans, explose de joie après avoir devancé en 21"34 les favoris César Cielo (3e) et Cullen Jones (2e) lors de la finale de 50 m nage libre, Londres, le 3 août 2012. À peine sorti du bassin, il tombera dans les bras de Laure, folle de joie. C'est la 1re fois que deux nageurs de la même fratrie obtiennent une médaille d'or olympique.

Un exemple pour les jeunes

À seulement 23 ans, le quintuple champion du monde et triple champion d'Europe Teddy Riner décroche son 1er sacre olympique des +100 kg à Londres. La désillusion de Pékin, où il s'était contenté du bronze, est oubliée.

Teddy Riner avait connu une très grosse déception aux Jeux de Pékin en n'obtenant que la médaille de bronze. Le quintuple champion du monde – désormais octuple avec un nouveau titre acquis à Astana en août 2015 ! – se présente quasi invaincu aux JO de Londres, en position d'archi-favori, et c'est bien là, parfois, le danger. Mais la médaille d'or ne pouvait pas lui échapper. Ce ne furent pas les combats les plus spectaculaires qu'on ait vus en judo, il a géré sa progression et même la finale n'a pas été pas extraordinaire. Mais le travail a été fait. Ce que j'apprécie chez ce garçon, c'est qu'il a eu le triomphe relativement modeste : il sait qu'il n'a pas enflammé le public, dans lequel il y avait une cinquantaine de membres de sa famille et des amis – en fait, ils sont venus à plus du double mais une bonne moitié n'a pas pu accéder au dojo et s'est contentée de voir un résumé à la télévision britannique le soir. Je garde le souvenir d'un garçon très modeste, humble, sympa, un bel exemple pour les jeunes. Il l'est d'ailleurs, il a 24 ans et l'on pense qu'il a beaucoup plus ; il garde la tête sur les épaules. Il avait invité 120 personnes et j'étais dans le même hôtel qu'eux. À un moment, je me retrouve dans l'ascenseur avec une dame guadeloupéenne et plusieurs autres personnes. Je leur demande s'ils sont de la famille de Teddy, s'ils sont proches de lui, et elle me répond : « Mais je suis sa maman ! C'est difficile de faire plus proche ! »

Le Guadeloupéen peut tomber à genoux et savourer, après avoir défait le Russe Alexander Mikhaylin en finale du concours de judo des +100 kg, Londres, le 3 août 2012. Dans le palmarès du judo français, il succède à David Douillet titré dans cette catégorie en 1996 et 2000.

Respecté autant que craint

Mahiedine Mekhissi-Benabbad conserve son titre de vice-champion olympique en décrochant la médaille d'argent sur le 3 000 m steeple derrière le Kényan Ezekiel Kemboi.

Mekhissi s'incline de peu face au Kényan Ezekiel Kemboi. L'image est magnifique, quand les deux hommes tombent dans les bras l'un de l'autre – il faut croire que Mahiedine s'entend mieux avec ses adversaires directs qu'avec les mascottes ! Et c'est vraiment tout ce que le sport peut offrir de plus beau, il n'y a pas d'arrière-pensée. Les Kenyans étaient considérés comme quasiment invincibles sur 3 000 m steeple, et le surnom de « Kényan blanc » va assez bien à Mahiedine. Il est très respecté par les Kenyans qui le craignent à juste titre : deux médailles d'argent olympiques (à Pékin et Londres donc) derrière deux Kenyans différents alors que lui est le même sur le podium à quatre années d'écart. C'est un très grand athlète qui répond présent aux grands rendez-vous : champion d'Europe et vice-champion olympique à un mois et demi d'écart !

Très belle image de *fair-play* et de fraternité du côté du stade olympique où Mahiedine Mekhissi, deuxième du 3 000 m steeple, porte le champion olympique de la discipline, son rival Ezekiel Kemboi, Londres, le 5 août 2012. Un an après, en finale des Mondiaux de Moscou, leur duel tourne à nouveau à l'avantage du Kényan qui conserve son titre acquis en Corée du Sud en 2011 tandis que le Français doit se contenter du bronze.

Fin Tacticien

Après avoir conservé son titre de champion d'Europe à Helsinki (2012), Renaud Lavillenie gagne la médaille d'or olympique de saut à la perche sur son ultime tentative.

Grand concours de saut à la perche, avec Renaud Lavillenie qui est d'une constance... Il doit être à 80 % de médailles d'or ! Ce qui m'a plu lors de ce concours, c'est qu'il a fait preuve d'une intelligence remarquable en tentant une impasse à 5,91 m. Il avait la médaille de bronze garantie, et après c'est tout ou rien. Il garde un dernier saut, une seule tentative à 5,97 m. Il le réussit et est champion dans un concours très disputé entre lui et deux Allemands, Björn Otto et Raphael Holzdeppe. D'ailleurs le saut à la perche réussit souvent aux Français : le regretté Pierre Quinon, Thierry Vigneron, Jean Galfione. Ce dernier est allé l'embrasser et lui a dit : « Bienvenue au club ! »

Renaud Lavillenie en action durant « sa » finale olympique de saut en hauteur, stade olympique de Londres, le 10 août 2012.

Les États-Unis accrochés

Après Pékin en 2008, les États-Unis de Kobe Bryant sont à nouveau gênés, à Londres, par une tenace équipe d'Espagne. Mais, au terme d'un match d'une intensité incroyable, les Américains l'emportent 107 à 100, grâce à leurs individualités, notamment Kevin Durant et LeBron James.

Il faut dire que l'Espagne compte dans son effectif des joueurs comme Pau Gasol ou Serge Ibaka, qui jouent ou ont joué en NBA, qui sont comme des Américains. C'est une demi-surprise. Aujourd'hui des équipes européennes comme l'Espagne ou la Grèce peuvent quasiment rivaliser avec les États-Unis, et en voilà la preuve. Même si je ne suis pas un grand fanatique du basket, ni du tennis, aux JO. Je trouve que c'est trop professionnel. Je n'ai jamais trop accroché à ce concept de *Dream Team*. Les Jeux, c'est laisser la place à l'aviron, l'athlétisme, la lutte, le judo ou d'autres qui n'ont l'occasion de briller qu'une fois tous les quatre ans. C'est bien leur tour.

La star américaine LeBron James (maillot 6) en train de dunker contre les Espagnols, lors de la finale olympique de basket, Londres, le 12 août 2012.

Un coup de cœur

Lors des Championnats d'Europe en petit bassin de Chartres, Yannick Agnel remporte, sur 400 m nage libre, son 1er titre international individuel dans un bassin de 25 m.

Yannick Agnel en pleine course, dans la finale du 400 m libre, Championnats d'Europe de natation en petit bassin, Chartres, le 22 novembre 2012. Une semaine plus tôt, il a amélioré de 0"52 le record du monde de cette distance aux « France », à Angers, en le portant à 3'32"25.

Yannick Agnel est un coup de cœur absolu pour moi. D'une intelligence et d'une culture générale tout à fait exceptionnelles, ce garçon parle cinq langues ; il apprend le russe pour lire Dostoïevski, son auteur préféré, dans le texte ! Le nageur est parti aux États-Unis non seulement pour s'exercer avec Bob Bowman, l'ex-entraîneur de Michael Phelps, mais aussi pour faire des études à l'université de Baltimore. Il a 21 ans et une maturité d'un homme de 40 ans. Ce qui fait qu'il est parfois un peu jalousé, même par ses compatriotes. Tous sports confondus, c'est un des garçons les plus attachants que j'ai rencontrés. Et puis, il prend de tes nouvelles, alors que les autres sont souvent égocentriques. Je suis content de l'avoir à nouveau côtoyé aux Championnats du monde de Barcelone, où il s'est encore brillamment illustré. Je crois qu'il ne poursuivra pas la natation plus que de raison parce qu'il a plein d'autres choses dans la vie. Les Championnats d'Europe de petit bassin à Chartres ne représentaient pas pour lui le Graal de la compétition, mais il avait dit qu'il viendrait pour rendre hommage à son public français. Il est venu, *« veni, vidi, vici »* avec humilité. La suite de son parcours sera très intéressante.

Prouesse de Bartoli

Marion Bartoli vit son jour de gloire en remportant Wimbledon aux dépens de l'Allemande Sabine Lisicki (6-1, 6-4). L'Auvergnate gagne ce tournoi sans concéder le moindre set, une performance réalisée par seulement 5 joueuses avant elle dans l'ère Open.

Marion Bartoli est une fille absolument adorable qui, pour une raison que j'ignore, est mal aimée des médias français, peut-être à cause des rapports tumultueux de son père avec la presse et la Fédération. Là, je pense qu'elle a cloué le bec à tout le monde ! Bien sûr, c'est la première joueuse de l'histoire à gagner un tournoi du Grand Chelem sans battre une seule des 15 premières têtes de série, mais ça, c'est le tennis. D'un autre côté, il faut aussi reconnaître qu'elle a gagné Wimbledon sans perdre un set ! Et là, cette prouesse aurait pu la débloquer pour la suite. Parce que, quand on la voit jouer, elle n'a pas beaucoup de points faibles. On sait que la Française en a décidé autrement, ayant choisi de mettre un terme précoce à sa carrière. À 28 ans, elle aurait eu encore deux ou trois belles années devant elle avec de réelles chances de bien faire et de gagner d'autres grands tournois. S'agit-il d'une retraite définitive ou laisse-t-elle la porte ouverte à un éventuel come-back ?

Après un ace qui conclut la partie, Marion Bartoli lâche sa raquette et se laisse tomber à genoux pour célébrer la réalisation de son rêve de toujours, lors de la finale de Wimbledon, Londres, le 6 juillet 2013. Après Mary Pierce et Amélie Mauresmo, elle devient la 3e Française, depuis le début de l'ère Open en 1968, à se voir sacrée dans l'un des 4 tournois du Grand Chelem.

La 100e

Un départ inédit en Corse et une arrivée en nocturne sur les Champs-Élysées constituent les moments les plus marquants de cette édition anniversaire du Tour de France. Pour le reste…

Une victoire très confortable de Chris Froome. Cette édition du centenaire a été très belle du point de vue des paysages traversés, de la qualité des images de la télévision, etc. En revanche, il n'y a pas eu de suspens pour la raison que maintenant les courses sont verrouillées et contrôlées par les équipes. L'année précédente, c'était avec Bradley Wiggins ; cette année-là, avec Froome, deux cyclistes de l'équipe Sky. Aujourd'hui, le temps n'est plus du tout aux grandes envolées, ce n'est plus du tout d'actualité. On peut, hélas, s'en attrister mais c'est comme ça. Ce n'est plus du tout le cyclisme du temps des grandes aventures comme celles de Luis Ocaña, Eddy Merckx, Jacques Anquetil, etc. Les cent premières années du Tour ont été magnifiques, les cent suivantes seront moins surprenantes, sans vent de folie. C'est l'histoire de la vie et c'est l'histoire du sport. L'aventure a laissé la place à la gestion et la plupart du temps, c'est comme ça… Appelez-moi le gérant !

Entre mer et montagne, à l'occasion de la 3e étape reliant Ajaccio à Calvi, les membres du peloton traversent les magnifiques calanques de Piana, le 1er juillet 2013. La route du bord de mer corse, loin d'être une ballade tourisque, donne lieu au premier parcours difficile de ce Tour.

Le Nouveau Roi d'Écosse

Phil Mickelson (43 ans) gagne l'Open britannique, son 5e tournoi du Grand Chelem. Il devient par la même occasion le premier golfeur à avoir enlevé coup sur coup l'Open d'Écosse et le British Open, qui se joue également cette année-là sur les links écossais.

Le parcours du Royal Muirfield, en Écosse, est certainement l'un des plus difficiles du monde. Contrairement à une légende bien connue, ce n'est pas à St Andrews que les règles du golf ont été édictées mais bel et bien dans le club-house de son prestigieux voisin de Muirfield. Cela en l'an de grâce 1754 !!! Et quoi de plus naturel au fond que le joueur peut-être le plus conscient de cette histoire s'impose sur ce grand parcours... Le gaucher américain Phil Mickelson a toujours manifesté un profond respect pour les Pères fondateurs du golf. C'est assez rare pour les golfeurs d'outre-Atlantique pour être souligné. Parmi les innombrables succès de Mickelson – dont 5 en Grand Chelem –, celui-ci occupe une place toute particulière. Réaliser 66 pour un total de 281, soit trois sous le par, sur ces links mythiques tient de l'exploit absolu. En ce dimanche légèrement venteux et très ensoleillé de juillet 2013, il n'est pas exagéré de dire qu'il y avait Mickelson et les autres. Certes, ce dernier, à 43 ans, n'atteindra jamais le nombre de succès en tournois majeurs de son « meilleur ennemi » Tiger Woods, mais dans le cœur des Américains, il l'a déjà dépassé depuis longtemps...

Phil Mickelson posant avec le Claret Jug, trophée récompensant le vainqueur du British Open depuis 140 ans, Muirfield, le 21 juillet 2013. Pour l'obtenir, l'Américain a produit une fin de parcours hallucinante, réussissant 4 birdies lors des 6 derniers trous.

La silhouette de la victoire finale se profile derrière Phil Mickelson, ici en train de putter pour un birdie sur le trou n° 18, le 21 juillet 2013.

Un bain de médailles

Aux Championnats du monde de Barcelone, les nageurs français décrochent 4 médailles d'or, 1 médaille d'argent et 4 médailles de bronze. Yannick Agnel s'impose ainsi dans le 200 m et le 4 x 100 m nage libre (en compagnie de Florent Manaudou, Fabien Gilot et Jérémy Stravius). Camille Lacourt en fait de même dans le 50 m dos – devant Stravius 2e ex-aequo avec l'Américain Matt Grevers – et le 4 x 100 m quatre nages (avec Perez-Dortona, Stravius et Gilot). Médailles de bronze pour Jérémy Stravius en 100 m dos, Frédérick Bousquet en 50 m papillon, Camille Muffat en 200 m nage libre et le relais féminin 4 x 200 m nage libre (Camille Muffat, Charlotte Bonnet, Mylène Lazare et Coralie Balmy).

Superbe équipe de France de natation qui, même lorsque l'on ne l'attend pas, réalise des exploits incommensurables. Deux garçons sortent du lot, Yannick Agnel et Camille Lacourt. Le Niçois, désormais exilé à Baltimore, a réussi l'exploit de remporter très confortablement le 200 m, à la surprise générale. Quant au Marseillais, ce fut encore plus fort, puisque, après avoir remporté le 50 m dos, il replongea une heure plus tard dans ce même bassin pour s'adjuger avec ses camarades du 4 x 100 m – certes, sur disqualification des Américains – la médaille d'or. Ce triomphe à Barcelone s'inscrit dans la continuité des jeux Olympiques de Londres, avec les deux clubs de Nice et de Marseille comme fers de lance de la natation française. N'oublions pas Jérémy Stravius, le très opiniâtre Amiénois, qui sait toujours être très présent dans les grands rendez-vous. S'il y avait un bémol, ce serait la Niçoise Camille Muffat, peut-être perturbée par le départ de son camarade d'entraînement Agnel pour les États-Unis. Reste qu'à ce moment, Camille était incontestablement l'une des plus grande nageuses du monde. Vive la natation française !

Camille Lacourt lors de son départ dans la finale du 50 m dos
Barcelone, le 4 août 2013

Camille Muffat (1989-2015) posant avec sa médaille de bronze obtenue en finale du 200 m nage libre, Barcelone, le 31 juillet 2013.

Olé ! Yannick Agnel décroche le titre mondial du 200 m nage libre, Barcelone, le 30 juillet 2013

Au terme d'un magnifique duel avec le Cubain Pedro Pablo Pichardo, l'athlète tricolore Teddy Tamgho, ici en action, remporte la finale du triple saut, Stade Loujniki, Moscou, le 18 août 2013.

Tamgho s'envole

À Moscou, le Français Teddy Tamgho, 24 ans, devient champion du monde de triple saut avec un énorme bond à 18,04 m, nouveau record de France.

18,04 m !!! Teddy Tamgho est le 3e homme au monde, après Jonathan Edwards en 1995 et Kenni Harrison en 1996, à franchir la barre mythique des 18 mètres au triple saut ! Le moins que l'on puisse en dire est qu'il a bien choisi son jour, le diable ! Ce fut en effet à son dernier essai que le Français allait remporter le concours en franchissant cette distance historique. Tout n'avait pas été simple jusque-là pour le natif de la banlieue parisienne, dont la famille est originaire du Cameroun. À l'instar de son ami Mehdi Baala, il aurait même pu flirter avec la délinquance si le sport n'était pas venu à son secours. Les deux années précédant son sacre de Moscou lui ont également valu son lot de galères. Il fut ainsi empêché de participer aux JO de Londres, suite à une blessure contractée dans un anonyme meeting à Ostrava, en République tchèque. Et comme si cela ne suffisait pas, il s'ensuivit une altercation physique confuse avec une athlète au Centre européen de rééducation sportive de Boulouris où il était venu soigner ladite blessure ! La confession qu'il tint à mon micro en cette glorieuse après-midi d'août 2013 est l'un des témoignages les plus émouvants qu'il m'ait été donné de recevoir. Le triple sauteur n'oublia personne dans ces remerciements : sa maman, sa famille, ses entraîneurs (dont l'ex-champion cubain Iván Pedroso), et le susnommé Mehdi Baala. Partage, amitié et modestie illustrent désormais le caractère de cet immense champion.

Un record haut perché

Un an et demi après le titre et le record olympiques, c'est le record du monde en salle que Renaud Lavillenie s'en va cueillir au meeting de Donetsk, en Ukraine, avec un saut de 6,16 m. Sous les yeux de l'ex-recordman Sergueï Bubka. Maître des lieux et de la discipline.

Cet homme a des chaussures à ressorts ! 2014, est l'année de tous les records. En janvier, Renaud Lavillenie passe 6,04 m à Rouen, puis 6,08 m à Bydgoszcz, en Pologne. Chaque fois, il rehausse le record de France. Le perchiste n'arrête pas son vol. À Donetsk, il s'attaque au record de Sergueï Bubka, établi le 21 février 1993 à 6,15 m. Premier essai et le record tombe. Lavillenie survole avec aisance une barre à 6,16 m. Gourmand, audacieux, il tente encore plus haut avant 6,21 m. Il échoue, se blesse et brise la perche. Qu'importe, le record du monde en salle est devenu tricolore.
Renaud Lavillenie annonçait être à la hauteur de l'exploit depuis plusieurs semaines. Il le prouve avec cette formidable performance et reçoit les félicitations de son ami et organisateur du meeting, Sergueï Bubka. Prochain objectif, après l'argent des Jeux de Rio, un record du monde en plein air ? Là encore, perché à 6,14 m par Bubka.

Renaud Lavillenie laisse exploser sa joie en détrônant Sergueï Bubka de son record du monde en salle, le 15 février 2014.

Larmes de joie après
la balle de match contre
Novak Djokovic qui le voit
sacré vainqueur pour la
9e fois à Roland-Garros !
Record absolu en Grand
Chelem. Pete Sampras et
Roger Federer ont gagné
Wimbledon à sept
reprises chacun.

Nadal roulant carrosse

Neuf victoires à Roland-Garros ! Riche palmarès. Prince des courts, Rafael Nadal a conquis la terre, battu ses adversaires. Domination sans accroc ou presque, entre 2005 et 2014.

Rafael Nadal a su rester le plus fort au long de ces 4 sets d'une incroyable tension face à Novak Djokovic. Le Serbe échoue une nouvelle fois en finale. Nadal devient le premier joueur de l'histoire du tennis à remporter 9 fois un tournoi du Grand Chelem. Un tournoi sur lequel il a régné pendant près de 10 ans.

En 2005, première participation aux Internationaux de France. Bingo ! L'Espagnol de 19 ans efface un Argentin de 26 ans. Duel de générations et de gauchers. Mariano Puerta est la première victime du bras armé de Rafael Nadal, en 4 sets (6-7, 6-3, 6-1, 7-5). Il pose les jalons de sa légende.

Cette année 2005 donne naissance à une saga haletante, mettant en scène deux acteurs aux jeux totalement opposés : Rafael Nadal et Roger Federer. L'Espagnol, vainqueur en demi-finale lors de leur premier face-à-face à Roland-Garros, s'imposera lors de leurs finales parisiennes de 2006, 2007, 2008 et 2011. Cinq sur cinq, Roger ne reçoit plus, Nadal a brouillé les signaux.

Autre duel, avec Novak Djokovic. Revers et coups durs envoient le Serbe mordre la poussière trois années de suite – finale 2012, demi-finale 2013, finale 2014. La marche qui mène à Rafael Nadal est savonneuse. Qui s'y frotte y glisse.

2009. L'année de l'électrochoc. L'élimination surprise de Rafael Nadal par Robin Söderling en huitième de finale rebat les cartes. Ce Roland-Garros ouvre des opportunités à Roger Federer qui triomphe enfin. À partir de 2015, la carapace de Rafael Nadal se fissure. Novak Djokovic l'écarte après trois sets, en quart de finale. En 2016, une blessure au poignet gauche consomme le divorce entre l'Espagnol et Roland-Garros. Le Prince est déchu.

Les vainqueurs font l'Histoire, Nadal fait celle de Roland-Garros. Mais pas seulement avec ses 2 Wimbledon, ses 2 US Open et 1 Open d'Australie, il affiche 14 tournois du Grand Chelem.

Un fameux combattant sur le terrain, grand athlète aux valeurs humaines incomparables.

Rafael Nadal ne se lasse pas de brandir la Coupe des Mousquetaires, le 8 juin 2014. Nonuple champion de Roland-Garros ! Impensable avant l'éclosion de cet immense champion.

Des pieds en or massif

Légende des All Blacks, buteur d'exception – il dépasse les 1000 points en sélection –, Dan Carter a été le grand héros de la Coupe du monde en Angleterre et au Pays de Galles. Désigné pour la 3e fois meilleur joueur de l'année par l'IRB, le marqueur touche au but à tous les coups… de pied.

Durant toute la Coupe du monde 2015, l'ouvreur néo-zélandais répond présent. En demi-finale, il inscrit face à l'Afrique du Sud le drop qui permet à son équipe de revenir dans la course et finalement l'emporter (20-18). Puis en finale, alors que les Australiens reviennent progressivement au score en seconde période, Dan Carter passe un drop pour reprendre une bonne longueur d'avance et transforme une pénalité qui scelle la victoire des All Blacks (34-17). Ce second titre de champion du monde (après 2011) couronne sa 112e et ultime cape, lui permettant de mettre un terme en beauté à sa carrière internationale. Dan Carter évolue désormais au Racing 92, club avec lequel il remporte le Top 14 en 2016.

Dan Carter, le 31 octobre 2015, en finale de la Coupe du monde à Twickenham. Les All Blacks jouent l'Australie. Dan Carter confirme que les gauchers ont le compas dans l'œil, puisqu'il figure parmi les joueurs les plus précis avec Jonny Wilkinson et Percy Montgomery (tous deux gauchers) et affiche le taux de réussite affolant du pied autour de 85%.

Roi et Reine des glaces

La cuvée 2016 est un millésime français signé Gabriella Papadakis et Guillaume Cizeron. Le couple en or confirme son leadership, en remportant à nouveau les championnats du monde de danse sur glace.

Gabriella Papadakis et Guillaume Cizeron ont de l'or sous leurs patins. Ils l'ont prouvé aux Mondiaux 2016 à Boston en conservant leur titre de champions acquis à Shanghai un an plus tôt. Ils sont jeunes, 20 et 21 ans, beaux et parés d'une grâce éblouissante. Leur vitrine déborde de trophées : 2 titres européens, 2 titres mondiaux, en deux années. Leur ciment ? La durée ! Ils sont associés depuis l'âge de 8-9 ans. Gabriella et Guillaume sont comme les deux doigts de la main et ça se voit sur la glace.
Leur succès est d'autant plus percutant que Papadakis et Cizeron, menés par leur entraîneur Romain Haguenauer, atteignaient seulement la 13e place en 2014.

Gabriella Papadakis et Guillaume Cizeron conservent leur titre mondial à Boston, le 31 mars 2016. Victoire obtenue grâce à leur programme intitulé « *Build a home* », accompagné par la musique du groupe britannique Cinematic Orchestra. Un total de 194,46 points, nouveau record personnel et le deuxième plus élevé de l'histoire.

Roland-Garros, enfin !

Il l'a fait ! Le 5 juin 2016 est une date à marquer d'une pierre blanche pour Novak Djokovic. Sa première victoire à Roland-Garros. Avec ce triomphe, Djoko remporte entre 2015 et 2016 les quatre *Majors* : Wimbledon, l'US Open, l'Open d'Australie et enfin, Rolland-Garros. Quel exploit !

Fini le « *Djoko Slam* » ! Cette expression attribuée au parcours du joueur serbe capable de gagner tous les tournois qui comptent, excepté Roland-Garros. Chaque année, il butait sur Rafael Nadal en finale (en 2012, 2014 et 2015), mais cette fois-ci, face à Andy Murray, Djoko a su faire mouche !
Seul regret, peut-être, pour ce sportif d'exception : il n'est toujours pas parvenu à réaliser le Grand Chelem calendaire — gagner tous les principaux tournois sur une même année —, éliminé par Sam Querrey au 3e tour de Wimbledon. Et la défaite est amère, puisqu'elle achève un cycle époustouflant de 30 matches gagnés d'affilée dans les tournois du Grand Chelem.

Fier comme un Serbe ! Novak Djokovic arrache sa première victoire en finale à Roland Garros, le 5 juin 2016, à Paris Porte d'Auteuil. Le forfait de Rafael Nadal lui a laissé le champ libre.

Pous son premier triomphe à Roland-Garros, le Serbe Djokovic s'impose face au Britannique Murray en 4 sets (3-6, 6-1, 6-2, 6-4). Victoire tant attendue, victoire obtenue !

Sérénissime Williams

Avec sa nouvelle victoire sur le tapis vert de Wimbledon, Serena Williams égale le record de Steffi Graf en cumulant 22 tournois du Grand Chelem en simple. Tapis rouge, son altesse !

Portée par une année 2015 exceptionnelle – victorieuse à l'Open d'Australie, Roland-Garros et Wimbledon – Serena Williams conserve son titre à Londres en 2016 face à l'Allemande Angelique Kerber. Un trophée qui a une saveur particulière : avec 22 tournois majeurs, l'Américaine rejoint Steffi Graf au nombre de victoires du Grand Chelem remportées dans l'ère professionnelle. Cette prouesse a mis du temps à voir le jour. Si, par le passé, elle avait été un petit peu plus sérieuse, je pense qu'elle aurait eu deux fois plus de titres. Elle a eu des passages à vide qui étaient essentiellement dus à des problèmes d'entraînement, de motivation. Mais elle a su reprendre les rênes et revenir au plus haut niveau après ses échecs de début d'année à l'Open d'Australie et à Roland-Garros. Tout arrive à points, sets et match à qui sait attendre, puisque les deux manches gagnantes (7-5, 6-3) en finale de Wimbledon la propulsent au rang de meilleure joueuse de l'histoire. À égalité avec Steffi Graf.
En chutant à l'US Open 2016 face à Karolína Plíšková, sa place de numéro 1 file vers Angelique Kerber après trois ans et demi de règne. Serena Williams lâche du lest, mais gare à ses retours gagnants !

Quatorze ans après sa première victoire anglaise, Serena Williams remporte son septième Wimbledon, le 9 juillet 2016, face à Angelique Kerber. Son jeu offensif et son puissant service – 13 aces – lui offrent son 22e titre du Grand Chelem.

Andy Murray invente l'« Écossais uni »

Fantastique jumelage Wimbledon-JO ! À l'heure du Brexit, d'une Écosse frondeuse et accrochée à l'Union européenne, Andy Murray soude brièvement un peuple britannique accablé par l'incertitude.

Le sport tisse du lien. Provisoirement, certes, et surtout couronné d'or. C'est ce qu'a révélé Andy Murray en remportant son deuxième Wimbledon. Victorieux face au Canadien Milos Raonic (6-4, 7-6, 7-6).
Difficile, pourtant, de faire son trou parmi les Djokovic, Nadal et Federer ! Mais Murray a le cuir épais et profite de chaque brèche pour enrichir son palmarès. L'élimination de Djokovic au 3e tour de Wimbledon a été une aubaine qu'il a su saisir. D'autant que le Serbe avait pris l'ascendant sur l'Écossais cette année, lors des finales de l'Open d'Australie et de Roland-Garros.
Avec 3 titres en Grand Chelem (1 US Open en 2012, 2 Wimbledon en 2013 et 2016), une Coupe Davis, un top 2 au classement ATP, Andy Murray marque chaque jour davantage son territoire. Sans compter qu'à Rio, il devient le premier joueur de l'histoire à remporter deux fois de suite l'or olympique.

Après la déception des finales de l'Open d'Australie et de Roland-Garros, Andy Murray peut enfin savourer ses victoires. Il remporte le second Wimbledon de sa carrière contre le Canadien, Milos Raonic, le 10 juillet 2016 et conserve également au Brésil son titre olympique acquis à Londres, le 14 août 2016.

Froome Paris to Love

Pas de nœuds dans la Grande Boucle de Chris Froome. Triple vainqueur du Tour de France (2013, 2015 et 2016), il connaît ses gammes et joue une partition sans fausses notes. Il s'offre même un luxe supplémentaire, le bronze du contre-la-montre aux JO de Rio.

Chris Froome, lors de la 8e étape du Tour de France, le 9 juillet 2016. Entre Pau et Bagnères-de-Luchon, étape clé, il s'élance vers la victoire lors d'une descente incroyable du col de Peyresourde.

Émouvant Chris Froome, lors de son hommage aux victimes de l'attentat du 14 juillet à Nice. Poignant lors de sa déclaration d'amour à la France. Debout sur la première marche du podium, aux Champs-Élysées, le coureur s'improvise tribun : « Ce Tour a eu lieu dans un contexte particulier après les événements tragiques de Nice et nous rendons hommage, une fois de plus, à ceux qui y ont laissé la vie. » Plus loin, il salue « la passion des spectateurs de tous les pays au bord des routes, la beauté des paysages français et toutes les amitiés créées par le sport ». Il finit en langue de Molière par un laconique « Vive le Tour, vive la France ! » Chris Froome en seigneur.

Le leader de l'équipe Sky remporte le Tour 2016 et son troisième sacre. Le public le chouchoute. Qu'il semble loin le temps où le maillot jaune se faisait asperger d'urine par un spectateur mécontent (2015). Froome surprend. Sa descente hallucinante vers Bagnères-de-Luchon est un temps fort du circuit. Couché sur le guidon, le Britannique garde sa position aérodynamique et pédale pour creuser l'écart. Il attaque là où on ne l'attend pas. C'est le thème british du Tour.

Teddy Rageur

À 27 ans, Teddy Riner affiche un appétit d'ogre et dévore les médailles jusqu'à plus faim. Octuple champion du monde, double champion olympique, il est désormais le judoka le plus titré de l'histoire.

Invaincu depuis 2010, le Brésil prolonge la série. Trois podiums olympiques, deux sacres (le bronze à Pékin, l'or à Londres et Rio) : Teddy Riner côtoie David Douillet, premier Français à se parer d'or sur deux olympiades différentes. Les Japonais rivalisent d'ingéniosité pour tenter de vaincre le colosse français. Le coach de l'équipe nationale du Japon, Kōsei Inoue, gloire des années 2000, ne cache pas son ambition : battre Riner. Les judokas du Pays du Soleil Levant sont spécifiquement entraînés. Le Français résiste et assied sa domination. Il faut dire que son triomphe ne doit rien au hasard. Il est forgé dans la complicité avec son entraîneur Franck Chambilly et endurci par la rage. Celle de vaincre. Mot qu'il affectionne et qui le caractérise, il a les « crocs ».
Teddy Riner est chevronné. Il pense boulot, matin et soir. Perfectionniste. Obsédé par la maîtrise technique. Justifié par les combats serrés en demies contre l'Israélien Or Sasson et en finale face au Japonais Hisayoshi Harasawa. La ceinture se resserre. Mais Teddy est rageur. Gagneur. Il demeure le Maître du dojo.

Teddy Riner, en transe, drapeau en mains au terme de la finale des Jeux de Rio. Judoka d'exception, double champion olympique des + 100 kg, il met fin à la malédiction des porte-drapeaux. Une malédiction tenace, qui avait touché Jackson Richardson et les handballeurs tricolores en 2004, Tony Estanguet en 2008 et Laura Flessel, en 2012.

Petite sirène devenue Reine

Cinq podiums à Rio, dont 4 sur la plus haute marche. Katie Ledecky est passée de « Phelps au féminin » à Katie Ledecky. Elle impose ses références.

Le crawl, c'est son domaine réservé. À Rio, elle le prouve. 200 m, 400 m, 800 m nage libre. Un flot d'or, deux records du monde qui tombent à l'eau. Le 400 m en 3'56"46, le 800 m en 8'04"79. Elle surfe sur une vague quasi similaire en relais. Titre olympique sur 4 x 200 m aux côtés d'Allison Schmitt, Leah Smith et Maya Dirado et l'argent sur 4 x 100 m, derrière l'Australie.
Dix-neuf ans et 6 médailles en deux olympiades. À Londres, c'est sur 800 m nage libre que la jeune pousse éclot. Aujourd'hui, elle s'enracine dans le panthéon des nageuses d'exception.
Ambitieuse Ledecky, lorsqu'elle déclare à propos du record de médailles du roi Phelps : « Tous les records sont faits pour être battus. » Qui mieux qu'une sirène, originaire du Maryland – comme Michael Phelps – peut prétendre à un tel destin ? La reine Katie Ledecky.

Katie Ledecky, finale du 800 m nage libre à Rio, le 12 août 2016. Aux jeux Olympiques de Londres, en 2012, la nageuse s'était déjà illustrée sur cette distance où elle règne depuis en maîtresse des bassins.

Atleta maravilhoso

Enfant à Sydney, père au Brésil, nageur à envie. Michael Phelps a une constante, celle de repousser les limites de la natation. Sa seule présence dans une ligne d'eau suffit à en faire un phénomène médiatique et sportif. La preuve par Rio.

Il vole comme un papillon, pique les médailles d'or dans toutes les disciplines du bassin. Il devient le sportif le plus titré des jeux Olympiques tout en battant, avec ses 13 médailles d'or, le record de Léonidas de Rhodes (athlète grec du IIe siècle av. J.-C) au nombre de couronnes olympiques en épreuves individuelles.

Rio s'aligne sur la règle. Michael Phelps empoche le jackpot avec 5 médailles d'or et une d'argent qui font son bonheur. 23 titres olympiques, 28 médailles. Record absolu. Athlète à peine humain. Athlète touché par la grâce, coulé dans le moule des héros. Imbattable sur les épreuves des 200 m papillon, 200 m 4 nages et des relais 4 x 100 m, 4 x 200 m nage libre et du 4 x 100 m 4 nages (3'27"95) record olympique). Il y a Phelps et les autres. Les uns se heurtent à la résistance de l'eau, Phelps ondule en surface. Toujours un temps d'avance. L'enfant de Baltimore revient de loin. Ses frasques – alcoolisme, conduite en état d'ivresse – révélées par le magazine *Sports Illustrated,* en novembre 2015, sont une goutte d'eau transformée en goutte d'or dans la fontaine olympique. Rien ne porte ombrage à Michael Phelps, ni sa deuxième place au 100 m papillon, ni la performance de l'Australien Kyle Chalmers, nouveau roi du 100 m. Hors des bassins, il est aussi fin tacticien. NBC, la chaîne de télé américaine, impose son diktat sur les horaires des finales, notamment celle de la natation. Phelps le sait, d'où l'exclusivité de ses propos sur la chaîne. Quoi qu'il en soit, Rio, la *« Cidade Maravilhosa »,* et Michael Phelps s'accordent. Médailles et merveilles sur le mont Corcovado.

Chaque course où figure Michael Phelps est un événement. Le relai 4 x 100 m du 7 août 2016 en fait partie. En deuxième relayeur, l'Américain s'adjuge le 4e meilleur temps lancé en 47"12.

Avec l'émotion d'une première médaille, Michael Phelps s'impose aux Jeux de Rio dans le 200 m papillon en 1'53"36, distance dont il détient le record du monde depuis Rome en 2009.

PHELPS

Le 19 août 2016, le Jamaïcain démontre une nouvelle fois son invincibilité, en remportant avec Yohan Blake, Nickel Ashmeade et Asafa Powell le 4 x 100 m des jeux de Rio. Le Japon est en argent, le Canada en bronze et les États-Unis disqualifiés pour passage de témoin hors zone.

The Showman

Au stade olympique de Rio, le meneur de revue s'appelle Usain Bolt. Le Jamaïcain commence par gagner en soliste l'épreuve reine du 100 m. Le spectacle se poursuit avec sa victoire en finale du 200 m devant le Canadien Andre De Grasse et Christophe Lemaitre, avant de s'achever en apothéose, avec le relais 4 x 100 m.

Neuf titres olympiques, Usain Bolt crée le « triple triplé » (3 victoires sur 100 m, 3 sur 200 m et 3 sur le relais 4 x100 m). Comment devenir le plus grand sprinteur de l'histoire ? Demandez à Usain Bolt ! Ce dernier non seulement a une personnalité attachante hors des pistes, mais il répond également toujours présent aux grands rendez-vous, à l'exception d'un faux départ au 100 m des Championnats du monde à Daegu – où il gagne tout de même le 200 m et le 4 x 100 m. Il se trouve que c'est un athlète que j'ai souvent eu l'occasion d'interviewer, il a toujours un mot sympathique pour ses adversaires. C'est un peu comme Haile Gebreselassie : tout le monde l'aime. Et d'abord pour une simple et bonne raison, c'est qu'un meeting sans Bolt perd 50 % de sa valeur. Du coup, ses rivaux le savent et l'aiment bien parce que sa présence rejaillit sur l'ensemble du meeting, pas seulement sur les coureurs. D'autant qu'il sait aussi très bien faire le show !

« Ras le Bolt » pour les adversaires. Usain Bolt, au centre, file comme le vent en finale du 100 m hommes aux JO de Rio, le 14 août 2016. Ses adversaires prennent un couloir d'air... À sa gauche, le Français Jimmy Vicaut, 7e à l'arrivée.

La pose désormais culte d'Usain Bolt – dont le nom en anglais signifie « éclair » – faisant le signe d'une flèche invisible lancée dans le ciel, après son succès en finale du 200 m, sur la piste du stade olympique de Londres, le 9 août 2012.

21:09:59
LONDON

Mo Farah, le fond et la forme

Invaincu en grands rendez-vous depuis le 5000 m des Mondiaux de Daegu en 2011, le champion olympique récidive.

Spécialiste du fond et du demi-fond, le quintuple champion du monde est un redoutable compétiteur. Mohamed Farah collectionne les titres olympiques avec talent. Aux 10 000 m de Rio, une chute après 3 kilomètres de course fait craindre le pire. Mais le Britannique se relève et s'envole vers nouveau doublé olympique après celui de Londres : il court en 27'05''17 et sept jours plus tard le 5 000 m (13'03''30).

Son immense palmarès est à l'image de ce souriant champion qui construit, comme son ami Usain Bolt, une carrière sans faute. Un investissement sans borne dans son sport pour atteindre une régularité et une domination qui en font l'équivalent de Lasse Virén.

Celui qui court 20 km par semaine, pour familiariser son mental à l'effort et ses jambes à l'exploit, ne badine pas avec la préparation. Se faire mal à l'entraînement, c'est se faire du bien en compétition.

Exploit pour Mo Farah, double tenant du titre olympique sur 5 000 m. Il devance l'Américain Paul Chelimo et l'Éthiopien Hagos Gebrhiwet à Rio, le 20 août 2016.

Mo Farah, le 20 août 2016, rayonne devant ses deux médailles d'or pour les 5 000 et 10 000 m. Après Londres, le coureur s'offre un nouveau doublé aux Jeux de Rio. Comme Lasse Virén, le Britannique inscrit son nom en lettres d'or.

Rio2016

INDEX DES PERSONNAGES

CRÉDITS PHOTOGRAPHIQUES

Pour leur aide précieuse, l'éditeur et l'auteur adressent leurs vifs remerciements à :
Joël et Patrice Martin,
Valérie Huvert-Alva, fédération française de ski nautique,

AFP : 39, 49, 78, 83, 134g (Philippe Bouchon), 142 (Marcel Mochet), 161bd (Don Emmert).
AFP / DPA : 161bg.
Agence FEP / Archives : 94, 113, 117.
Associated Press / Sipa : 20, 21, 27h, 27b, 31 (Dennis Lee Royle), 32, 33, 36, 40, 45, 63, 70, 72, 76 (Bob Dear), 96 (Paul Vathis), 115 (Dave Tenenbaum), 128 (Lionel Cironneau), 129 (Douglas C. Pizac), 136 (Russel Mcphedran), 139 (Naokazu Oinuma), 140 (Lionel Cironneau), 141hg (John Redman), 141bg (Peter Morgan), 146 (Lionel Cironneau), 147 (Lionel Cironneau), 161hd (Arne Dedert), 163 (Deither Endlicher), 166 (Rick Bowmer), 167g (Roberto Borea), 167d (John Gaps III), 175 (Ross Setford), 176 (Thomas Kienzle), 195 (Elise Amendola), 178 (Michael Probst), 182 (Amy Sancetta), 183 (Bill Waugh), 187 (Carlo Fumagalli), 190 (Laurent Rebours), 192 (Max Nash), 194 (Jacques Brinon), 201 (Doug Mills), 205 (Jens Meyer), 206 (Roberto Borea), 210 (Christian Lutz), 214 (Dusan Vranic), 216 (Anja Niedringhaus), 219 (Phil Noble), 220 (Steve Holland), 222 (Alessandro Trovati), 223 (Charles Krupa), 224 (Amy Sancetta), 225 (Jasper Juinen), 226 (David J. Phillip), 228 (Elaine Thompson), 229 (Dmitry Lovetsky), 230 (Gero Breloer), 231 (Manu Fernandez), 232 (Victor Caivano), 233 (Ng Han Guan), 234-235 (Martin Meissner), 237 (Natacha Pisarenko), 241h (Matthias Schrader), 241b (Matt Dunham), 242 (Martin Meissner), 245 (Michael Sohn), 246-247 (Mark J. Terrill), 247d (David J. Phillip), 248 (Kirsty Wigglesworth), 252 (Hassan Ammar), 253 (Christian Petersen), 254 (Christophe Ena), 260 (Daniel Ochoa de Olza), 261h (Michael Sohn), 261bg (Michael Sohn), 261bd (Michael Sohn), 265 (Keita Iijima), 267 (Steven Senne), 273 (Christophe Ena), 274 (Markus Schreiber), 275 (Lee Jin-man), 277 (Michael Sohn), 279 (Jae C. Hong), 282 (Martin Meissner), 283 (Matt Slocum).
Associated Press / Keystone / Sipa : 212 (Laurent Gillieron).
Associated Press / Keystone / Team / Sipa : 177.
Associated Press / KS / Sipa : 116.
Associated Press / Staff / Kemp / Sipa : 132.
Collection Joël Martin : 110, 111 (toutes).
DPPI / Sipa : 196 (Jean-Paul Thomas), 197 (Franck Faugere), 198 (Philippe Millereau), 199 (Franck Faugere), 215 (Franck Faugere), 217 (Philippe Millereau).
DPPI / Sipa / Pentaphoto : 221.
Gérard Vandystadt / Agence Vandystadt : 169.
Getty Images : 13, 14, 62 (Robert Riger), 73 (Tony Duffy), 86 (Tony Duffy), 98 (Tony Duffy), 106d (John Kelly), 118 (Tony Duffy), 130-131 (Bob Thomas), 134-135, 138 (David Cannon), 141hd, 141bd (Bob Thomas), 143 (Simon Bruty), 145 (Bob Martin), 148b (Pascal Rondeau), 151 (Pascal Rondeau), 152 (Bob Thomas), 165 (Bob Thomas), 172 (Gary M. Prior), 249 (Ian MacNicol).
Getty Images / Allsport : 122 (Simon Miles), 136 (Tony Duffy), 148h, 154 (Tony Duffy), 161hg (Chris Cole), 162 (Mike Powell).
Getty Images / Augusta National : 123.
Getty Images / Hulton Archive : 23, 24, 47, 48, 112.
Getty Images / Hulton Archive / Central Press : 35.
Getty Images / Imagno : 26.
Getty Images / Keystone : 28-29.
Getty Images / Michael Ochs Archives : 60.
Getty Images / NASA / Newsmakers : 77.
Getty Images / NY Daily News : 18.
Getty Images / Popperfoto : 12g, 16d, 17, 19, 22, 25, 91, 124-125 (Phil Sheldon), 207g.
Getty Images / Rainer W. Schlegelmilch : 82, 84, 100.
Getty Images / Rolls Press : 61.
Getty Images / Sports Illustrated : 41 (John G. Zimmerman), 42 (Jerry Cooke), 43 (Marvin E. Newman), 44 (Neil Leifer), 64 (John G. Zimmerman), 67 (Jerry Cooke), 74 (Neil Leifer), 89 (Heinz Kluetmeier), 92 (Manny Millan), 93 (Tony Triolo), 97 (Neil Leifer), 103 (John Iacono), 104 (Walter Iooss Jr.), 105 (Walter Iooss Jr.), 106g (Walter Iooss Jr.), 119 (Neil Leifer), 120 (Andy Hayt), 133 (Manny Millan), 144 (Walter Iooss Jr.), 184-185 (Carl Yarbrough), 200 (Fred Vuich), 207d (Heinz Kluetmeier), 259 (Thomas Lovelock).
Getty Images / The Asahi Shimbun : 57.
Getty Images / Time & Life Pictures : 37 (Howard Sochurek), 54 (Art Rickerby), 55 (John Dominis), 56 (Al Fenn), 59 (Carl Iwasaki), 75 (Bill Eppridge), 85 (Co Rentmeester), 135d (Daniel Forster).
Getty Images / Topical Press Agency : 16g.
Library of Congress, Washington (Prints and Photographs Division) : 12d.
Pixxmixx / Pixathlon / SIPA : 6-7
Presse Sports : 4-5 (Franck Seguin),10-11 (Richard Martin), 15, 34, 38, 50-51 (Roger Krieger), 53, 58, 68, 69, 71, 80, 87, 90, 95, 99, 101, 102, 107, 108, 109, 121 (Boutroux / Legros), 126 (Pichon / Boutroux), 127 (Jean-Claude Pichon / Patrick Boutroux), 159 (Jean-Marc Pochat), 171 (Alain de Martignac), 174 (Clément), 181 (Rochard), 186 (Patrick Boutroux), 188-189 (Patrick Boutroux), 191 (Jean-Marc Pochat), 193 (Jean-Marc Pochat), 213 (Richard Martin), 238-239 (Bernard Papon), 256-257 (Mao), 263 (Sébastien Boue), 268 (Pierre Lahalle), 269 (Richard Martin).
Presse Sports / Offside : 78 (John Varley), 270-271 (Charlotte Wilson).
Royal Geographical Society, London : 30.
Sipa : 8-9 (Nicolas Tavernier), 46 (Arnie Sachs), 114 (Raymond Delalande), 149 (Gilles Klein), 153 (Nicolas Tavernier), 156-157 (Nicolas Tavernier), 155 (Nicolas Tavernier), 158 (Nicolas Tavernier), 164 (Max Colin), 168 (Vladimir Sichov), 170, 173, 202 (Gianni Ciaccia), 203 (Gianni Ciaccia), 208 (Dick Druckman), 209 (Jean Catuffe), 211 (Dominique Leroy), 262 (Mysty), 272 (Xinhua).
Sipa / BPI / REX: 272 (Dave Shopland).
Sipa / Cal Sport Media : 236 (Paul Thomas) 264 (Aurélien Meunier).
Sipa / Chine Nouvelle : 218, 227, 278.
Sipa / Colorsport : 242 (Ian MacNicol), 244, 266 (Andrew Cowie).
Sipa / Dalmas : 66.
Sipa / Empics Sports : 195 (Matthew Ashton).
Sipa / Newscom : 255 (Hugo Philpott), 258 (Hugo Philpott).
Sipa / Niviere / Chamussy : 250.
Sipa / Pressens Bild : 204d.
Sipa / Professional Sport : 204g.
Sipa / Rex : 251 (Paul Grover), 280-281 (Heathcliff O'Malley).
Sipa / Rex / AGF s.r.l. : 243.
Sipa / USA TODAY : 276 (Rob Schumacher).
Sipa / Visa : 179.

Achevé d'imprimer en octobre 2016